Boulanger
1955

LA CHINE EN RÉVOLUTION

DU MÊME AUTEUR

La Chine moderne. Un vol in-8 écu,
20 planches hors texte et une carte.
Broché [Librairie Pierre Roger] .   .   .   4 fr.

Le Japon au travail. Un vol. in-8 écu,
20 planches hors texte et une carte.
Broché [Librairie Pierre Roger] .   .   .   *sous presse*

Terres et Figures d'Indochine. Un vol.
in-8 [Librairie Larose].   .   .   .   .   .   .   *sous presse*

EDMOND ROTTACH

LA CHINE
EN RÉVOLUTION

PARIS

LIBRAIRIE ACADÉMIQUE

PERRIN ET Cⁱᵉ, LIBRAIRES-ÉDITEURS

35, QUAI DES GRANDS-AUGUSTINS, 35

1914

PRÉFACE

Dans ces dernières années, des décrets
impériaux promirent libéralement au peuple
chinois une constitution et des réformes
politiques, préparant une forme de régime
parlementaire qui tempérerait et moderni-
serait, à la japonaise, à l'anglaise, à l'allemande, à la russe, — on ne savait encore
précisément, — l'absolutisme traditionnel.

ŒEuvre ou inspiration d'un des monar-
ques les plus impérieux du Céleste Empire,
l'impératrice Tse-hi, ces documents officiels
peuvent aussi bien passer pour avoir préparé la présente révolution, ou pour avoir
été d'habiles diversions, destinées à la faire
avorter, en donnant aux mécontents une
apparente, mais illusoire satisfaction. Les

paroles augustes de l'empereur débonnaire,
ou de sa tante tyrannique qui gouvernait à
sa place, qu'elles soient la pensée intime
ou la suprême ruse des souverains qui
moururent ensemble dans la tragédie de
palais extrême-oriental à la mi-novembre
1908, même les décrets fondamentaux du
1ᵉʳ septembre 1906, et du 27 août 1908 : tout
cela n'est que paroles ; ce ne furent peut-
être même pas des intentions. Il en fut d'ailleurs si peu réalisé, en fait, que ces textes
ne peuvent trouver place que dans une histoire psychologique des origines du mouvement actuel. Quand l'exécutif ne veille pas
à l'application, ce ne sont point les publica-
tions à l'*Officiel* qui influencent le sort des
nations ; surtout en Chine.

Selon la même méthode psychologique, il
faudrait faire état davantage des documents
privés, dissertations littéraires ou testaments
politiques, que lurent ou laissèrent au public les plus ardents et les plus sincères
promoteurs d'une transformation. Ces paroles furent parfois des actes qui détermi-
nèrent grandement l'opinion, ou même la
créèrent. C'est ainsi qu'aux banquets entre

amis, ou aux grandes cérémonies, l'action des lettrés réformistes ou des étudiants révolutionnaires manifesta sa puissance. Ce furent là les idées-forces du pays, aussi authentiques que les décrets impériaux, plus efficaces; c'est dans la familiarité de ces écrits et de ces personnes de convictions qu'on peut le mieux pénétrer les causes et la portée des événements qui troublent la Chine; mais il n'y a encore parmi les Européens qu'un fort petit nombre d'initiés qui en soient avertis et s'y intéressent.

Aussi l'auteur se contente-t-il de présenter ici des tableaux pris sur place, aux endroits les plus importants de la Chine en révolution. On y verra ce pays aux assemblées comme aux armées, les négociateurs et les rebelles à l'œuvre, le déroulement des faits dans la capitale mandchoue qu'est Péking, dans la plus vieille capitale chinoise que fut Nanking, dans la moderne métropole qu'est Canton, en une de ces provinces de réserve qu'est le pays d'Ouest, au Yunnan où nous avons parfois pensé être particulièrement intéressés.

Je regrette et je m'excuse de n'être pas

retourné au Seutchoan, la plus vaste, la plus
riche et peut être la plus représentative des
provinces chinoises. Les moyens m'ont manqué ; personne, de ceux qui l'eurent pu, n'est
allé suivre sur place le mouvement origi-
nal de la bourgeoisie aisée, enrichie par la
soie et l'opium, revendiquant aujourd'hui sa
part de gouvernement. C'est elle, à propos
des actions d'un chemin de fer qu'elle exigeait local et non d'État, qui déclancha là-
bas une révolution économique et politique
qui gagna, en se dénaturant, tout le pays.
On n'en a rien su que par les Seutchoan-
nais si actifs de Péking ; encore recevaient-
ils de leur pays d'origine des nouvelles contradictoires.

Malgré les manquants, cette galerie de
tableaux, ces moments d'histoire ici rappor-
tés peuvent permettre de voir, sinon de juger
la Chine en révolution.

Il n'entre aucunement dans l'ambition de
l'auteur d'analyser les causes du mouvement. C'est déjà beaucoup d'essayer de le
rendre familier dans sa masse et sa diversité
globale. On n'a point tenté non plus ici de
replacer cet événement dans l'histoire de la

Chine ; nous sommes si peu meublés, à l'ordinaire, de souvenirs précis sur cette civilisation si vieille ! Il eût fallu montrer que le présent n'est point si nouveau qu'il semble, que la fin des dynasties est traditionnellement marquée par des interrègnes aussi troublés : ce sont mêmes vols, mêmes hésitations, mêmes improvisations, jusqu'à ce que l'autorité d'un homme impose sa chance et son énergie. Yuan n'apparaît peut-être ni assez jeune, ni assez puissant pour tenir aujourd'hui ce rôle avec succès. Comme l'écrivait de lui-même le jeune Tch'en T'ienhoua, dont Louis Laloy a traduit le testament [1], le révolutionnaire chinois est « léger de volonté, sans force pour l'action, incapable de grandes entreprises ». Ces hommes-là ne réformeront point leur monde. Ils meurent au mieux, sans résultat immédiat.

Les difficultés périodiques tiennent à l'instabilité de l'état économique du pays. Dès que faiblit l'autorité politique, la naturelle dislocation économique s'opère. La nou-

---

1. *Bulletin de l'Association amicale franco-chinoise*, oct. 1912, p. 362.

veauté eût été que le particularisme décen-
tralisateur de la vieille Chine réussît à créer
un fédéralisme politique à sa convenance.
Ce fût là le plus intéressant de l'intelligent
effort tenté par la province du Seutchoan. Il
ne semble pas encore près de réussir, ni
non plus d'être réduit.

Dans la Chine à nouveau désunie, ce qui
domina ne fut pas le souci d'un gouvernement qui restaurerait, en place de l'Empire,
une cohérente et vivante unité républicaine.
On vit naître très vite un sentiment nouveau,
une sorte de patriotisme national, jaloux
de maintenir, malgré les divisions du pays,
l'intégrité et l'indépendance souveraine du
territoire. Les *Jeune-Chine* se montrèrent
encore plus chatouilleux sur ce point, plus
intransigeants que leurs adversaires politiques, à qui ils reprochaient de faire bon
marché de la Mandchourie, ancien fief impérial, de la Mongolie, du Tibet. On dé-
couvre aujourd'hui au Tonkin leurs attaches
avec les Annamites contre la France. Ce dont
ils furent le plus impatients, c'était le contrôle, à la suite de l'emprunt, des finances et
de certaines ressources nationales par des

étrangers portant le titre de conseillers. Ils dénoncèrent l'intervention, l'intrusion étrangère. Voilà qui est neuf en Chine : il semble bien que cette attitude hostile soit le résultat non seulement des prétentions à se conduire eux-mêmes, émises par les Chinois instruits au dehors, mais encore des empiétements et des gages réels qu'entendent s'assurer des voisins ou des clients avides, en un mot de la situation extérieure.

Cette résistance à l'envahisseur menaçant aveugla les esprits et annihila les activités. La Chine en révolution n'a plus rien poursuivi méthodiquement pour sa réorganisation. Le régime défectueux était tombé de lui-même, mais personne ne songeait à pourvoir à son remplacement. Plusieurs mois, il n'y eut plus de gouvernement à Péking que vis-à-vis des légations étrangères qui, d'accord avec les banquiers, négociaient l'emprunt sauveur de l'anarchie, et encore n'ignore-t-on pas combien ce fantôme fut débile. Pour peu que la Chine reste en révolution, sa faiblesse militaire la met à la merci des ententes entre puissants voisins, comme le Japon et la Russie, des complaisances dictées,

par le devoir ou l'intérêt, aux grandes puissances occidentales comme la France alliée
de la Russie, et l'Angleterre alliée du Japon ;
l'Angleterre est d'ailleurs territorialement
presque aussi préoccupée au Tibet que la
Russie l'est en Mongolie. Quant aux États-
Unis et à l'Allemagne, voire à l'Autriche et à
la Belgique, leur appétit d'affaires est si considérable que l'honnête commerce chinois se
rend aisément compte que ces pays veulent
plutôt une exploitation qu'une réorganisation
stable de la Chine. Leur but est de s'ouvrir
l'énorme marché chinois. La plupart des
étrangers ont intérêt à maintenir la Chine
désorganisée, et quelques-uns l'expriment
cyniquement. La meilleure chance de salut
pour les Célestes est encore dans le défaut
d'entente parmi les voisins. Ces jours-ci la
Russie signifia au Japon que l'attitude de
Tokio vis-à-vis de Péking paraissait une
menace pour la sécurité en Asie ; l'Angleterre
et la France s'associèrent à la démarche
faite par le cabinet de Saint-Pétersbourg.

Jusqu'ici la Chine se laisse défendre plus
qu'elle ne se défend elle-même. Dans un pays
qui a d'aussi admirables et puissantes insti-

tutions économiques que les vieilles *Banques du Chansi*, on en est encore à attendre de l'étranger une réorganisation. L'Angleterre et la Russie font des remontrances au gouvernement central de Péking, parce que les inspecteurs étrangers, prévus aux termes de l'emprunt, ne sont point mis à même de réorganiser les administrations où ils furent introduits ! Comme si Yuan pouvait avoir quelque action sur la marche traditionnelle de rouages locaux et s'il pouvait investir des étrangers, novices et mal reçus, d'une autorité efficace ! La garantie du pouvoir central à qui nous demandons d'introduire nos entreprises est une dérision, car la force n'est pas là ; il n'a qu'une puissance fictive, celle-là même que nous lui prêtons : il tire de la confiance des diplomates et de l'argent des banquiers étrangers tout le semblant de prestige et de force qu'on lui accorde. Il est sans appui dans le pays. A l'opposé de ce qui existe au Japon, l'État, avec qui nous entendons traiter, n'apparaît en Chine qu'en façade. Ce qui compte, ce sont de puissantes chambres de commerce, ce sont de vieilles et riches familles, des personnalités industrielles ou économiques considérables, ce sont des corporations de métiers, ce sont des municipalités à gros budgets, ce sont les organes régionaux qui jouent un rôle décisif dans le succès de l'un ou l'autre des partis politiques en présence : voilà les éléments d'avenir de la Chine ; leur action est entravée par les désordres d'aujourd'hui et la menace de demain.

Ce livre montre ce que les Chinois ont fait, où ils en sont. Il ne tente point d'explication ou de prophétie, et encore moins prétend-il à indiquer ce que peuvent faire les puissances étrangères. C'est là le gros problème de politique extérieure d'après-demain. Continuera-t-on de s'entendre et de traiter entre chancelleries de l'intégrité chinoise; ou quelques-uns, mieux placés, agiront-ils? Sous prétexte de réorganisation, comme en Turquie, continuera-t-on à abuser de la situation ? Ce pays-là n'est pas assez avancé dans la civilisation moderne à laquelle il accède pour être en garde contre ses abus ; et il est trop vieux et trop civilisé par ailleurs pour s'indigner généreusement, et résister désespérément. La Chine doit-elle passer par une période de

tutelle ou de démembrement, doit-elle faire
dans la dépendance ou le déchirement l'apprentissage de la vie moderne?

Il y a vingt-sept mois l'auteur concluait :
« Il faut encore à la Chine ou un appui ou une
mauvaise fortune, ou les armes ou l'esprit de
l'étranger, pour sortir de l'ornière et changer de direction. Nous ne l'avons pas vue en
état de se retourner toute seule, et de
marcher avec les autres peuples sur les
grandes routes du monde moderne [1]. » Voilà
deux ans que la Chine se débat, sans guère
avancer. Elle a des conseillers étrangers,
mais elle n'est pas moins menacée par
l'étranger.

Il semble d'ailleurs que le gouvernement
français, par suite de ses engagements de
diplomatie européenne, ne s'apprête pas à
jouer là-bas le grand rôle d'arbitrage et de
désintéressement que quelques-uns atten-
daient de la pensée française. Nous sommes
entrés dans une politique financière, dans
des marchandages qui ont déçu quelques-
uns. Nous ne sommes pas guidés par le seul

1. *La Chine moderne*, chez Roger, p. 266.

souci de tenir haute là-bas la dignité de notre réputation. C'est loin et c'est un champ d'opérations pour la finance cosmopolite.

Les ambitions politiques, les rancunes dans le pays, la diplomatie et les finances au dehors, étouffent les mouvements de politique régionale à base économique, qui commençaient de se réaliser, selon l'esprit réaliste du pays, au Seutchoan et au Sud. Une centralisation oppressive, domination d'un dictateur ou contrôle de l'étranger, ne peut anéantir cet esprit, mais prolongera le malaise en retardant l'épanouissement du germe vital.

Nous sommes ici introduits dans le présent, et mis en goût d'y regarder de près par nous-mêmes, d'y voir le jeu des intérêts et des héroïsmes, et de nous y insérer utilement et dignement, si nous décidons de prendre place.

Les parties III, IV et VII de ce livre ont paru dans la *Revue de Paris*.

Boult-sur-Suippe, le 30 septembre 1913.

P.-S. — A Péking le 6 octobre a eu lieu l'élection définitive à la présidence de la République, qui devait se faire il y a six mois ; Yuan est élu ; on mande de

Changhaï que les puissances reconnaîtront le nouveau régime immédiatement après l'installation solennelle. A cette heure les révolutionnaires, qui ont rendu possible la République, sont tous en fuite hors du pays ; aucun homme de leur parti politique n'est dans le nouveau cabinet. C'est la réforme plus ou moins conservatrice et la répression de la révolution qui finissent par être consacrées par les nouvelles Chambres et par les puissances étrangères. Mais il est peu probable que, pour être reconnue en République, la Chine cesse d'être en révolution et son gouvernement en mal d'emprunt.

LA CHINE EN RÉVOLUTION

I

LA POLITIQUE NOUVELLE
ET LE NOUVEL ESPRIT LIMITÉS

La crise chinoise actuelle, essentiellement politique, résulte du choc de deux mouvements opposés: l'un, tirant son origine d'en haut, du gouvernement souverain qui prend les manières d'un empire libéral ; l'autre, né au dehors, copié sur l'étranger ; tous les deux : politique nouvelle et esprit nouveau, superficiels et limités, sans racines, ni spontanéité. Sans doute la politique nouvelle de l'Empire, en relâchant de la rigueur du gouvernement, a facilité d'autant la propagation du nouvel esprit ; mais l'intention du vieux pouvoir était de l'assimiler, d'en atténuer au moins la nocivité en se l'incorporant. La faiblesse du gouvernement fut telle qu'il ne put supporter l'ab-

sorption et opérer la fusion ; et loin d'en être
fortifié, il en fut irrémédiablement affaibli au
premier contact ; le régime constitutionnel dont
l'Empire consentait à faire l'essai, loin de le
sauver, le délabra davantage ; il n'en fut que
plus exposé aux malignes attaques, qui eussent
été bénignes s'il eût été normal, mais qui le
ruinèrent. Le puissant empire, inconsistant à
l'intérieur, fut terrassé par une poignée de petites gens sans culture, mais décidés. Ils ne se
substituèrent pourtant pas à lui.

N'eût été le malaise économique général, la
seconde crise de gouvernement, comme la première, se serait limitée au petit nombre de
ceux qui constituent le personnel administratif.
Les fonctionnaires auraient été changés, mais
les services d'État auraient persisté ; c'eût
été un simple renouvellement des hommes,
mais point un essai de renversement des institutions. Le fait s'était déjà produit il y a quelques années ; profitant de l'esprit libéral de la
cour mandchoue, les purs Chinois, et particulièrement ceux du Sud, originaires des provinces du Koangtong et du Foukien, s'étaient
si catégoriquement imposés au personnel de
cour qu'ils avaient exigé pour eux-mêmes les
dignités et les charges les plus lucratives, et
cela jusqu'en Mandchourie dans le fief originaire même du clan impérial ; sans vergogne,
ils en avaient tiré et expédié par mer vers les

rives méridionales tout le métal argent que
leur rapacité put rafler dans le riche domaine
du Nord; ils substituèrent là, le temps de faire
l'opération profitable, leur administration de
coloniaux avides, à la patriarcale féodalité des
Mandchous indigènes, cela sous l'empereur
Koang siü. La vague des pillages passée, l'ancienne situation politique se rétablit.

Les derniers venus, qui firent la révolution
de 1911, n'avaient pas moins d'exigences que
leurs heureux prédécesseurs, et les Mandchous étaient encore moins en état de résister
aux convoitises. Mais le pays déjà appauvri et
excédé ne permettait plus de satisfactions aussi
faciles ni aussi avantageuses. Les réformes des
dernières années coûtaient cher, et paraissaient
bien plus vexatoires que profitables. Les écoles
nouvelles, l'armée nouvelle, les modes nouveaux d'administration aux apparences plus
démocratiques: c'étaient des charges nouvelles,
souvent très lourdes, qu'on n'acceptait pas volontiers ; l'indiscipline et la révolte étaient
d'autant plus menaçantes que l'autorité des fonctionnaires était moins solide, et leurs pro-
cédés moins acceptables. Le mécontentement
général contre les réformes essayées par l'empire était sans doute avantageux aux adversaires de l'Empire mandchou, et ce fut là une
des causes qui contribuèrent au succès définitif
d'un mouvement qui ne pouvait prétendre qu'à

faire aboutir les réformes démocratiques, à
cause desquelles l'empire tomba si facilement.
La transformation politique qui était le but de
la révolution ne rencontrait pas un terrain
économique favorable. Ce qui était désiré, ce
n'est pas tant un changement de régime politique qu'une amélioration de la vie économique.
L'esprit nouveau ne put faire sa révolution
que par suite de l'échec de la politique nouvelle à réaliser des réformes.

L'esprit nouveau n'a pu se répandre en
Chine que parce que la politique nouvelle ne
donnait point satisfaction aux besoins généraux du pays. C'est comme un pis-aller accepté en désespoir de mieux ; il s'est comme
superposé à la vie désorganisée du pays, sans
pouvoir réussir encore à la pénétrer, à la remuer
assez profondément, pour la réorganiser et
y établir un équilibre normal des forces élé-
mentaires.

Il ne peut triompher qu'en instaurant un
ordre économique qui satisfasse à la fois les
besoins essentiels permanents du peuple et les
appétits nouveaux des dirigeants, excités par
la faiblesse et l'incohérence du gouvernement
au cours de ces dernières années. Ce n'est
aujourd'hui par tout le pays que troubles
et désordres ; politiquement l'ordre ne peut
être rétabli que par une répression énergique,
une reprise de l'autorité, une de ces *saignées*

périodiques, comme dit Léon Wieger, qui ont constitué, dans l'histoire, l'ordinaire solution des crises de ce genre. Que l'étranger fasse violence à la Chine, et impose à sa faiblesse des conditions favorables au développement économique et à l'intérêt général ; ou que les Chinois s'imposent eux-mêmes, comme firent les Japonais après leur révolution politique, une discipline financière et économique qui permette la transformation industrielle et l'enrichissement du pays, il n'est pas douteux que cette partie du vieux monde subit en ce moment une crise de croissance, et que la Chine de demain, partagée ou indépendante, sera plus riche que celle d'aujourd'hui.

Quoi qu'il arrive de la Chine nouvelle, qui en politique se superpose à la Chine ancienne qu'elle prétend remplacer, la Chine moderne, républicaine ou non, la Chine riche, quelle que soit sa forme de gouvernement, tiendra dans le monde une place de plus en plus considérable. La politique peut retarder ou hâter cette évolution, c'est en cela que la crise présente nous intéresse ; son cours importe en ce qu'elle peut favoriser tels ou tels de ceux qui participent à l'heureuse transformation ; mais ces agitations politiques sont peu de chose à côté du grand mouvement de transformation économique ; ce ne sont que les remous superficiels, et comme les ondulations passagères du cou-

rant puissant. A regarder cette surface mou-
vante, à en suivre les jeux, on se familiarise
avec le paysage, mais c'est à la source souter-
raine qu'on peut seulement juger de la force
féconde et motrice. La Chine nouvelle, l'actua-
lité dont M. Jean Rodes, du *Temps*, donna l'ana-
lyse en deux livres récents, la Chine que nous
observerons ici aux armées et aux assemblées,
à Canton et à l'ouest, celle des citoyens et celle
des bourgeois, la Chine aux usines et aux
écoles, aux institutions d'État calquées sur
l'étranger, n'a pourtant d'importance et de
chance de durée qu'autant qu'elle s'incorpore
à la Chine éternelle, pour modeler une Chine
moderne fidèle à l'esprit des ancêtres, et d'accord avec l'antique morale asiatique. C'est
seulement une crise momentanée ; n'oublions
pas que l'avenir dépend surtout de la nature. Le caractère des hommes et les ressources des lieux, la vieille histoire : voilà ce
qui peut encore nous éclairer le plus sûrement
sur l'évolution contemporaine ou la révolution
d'aujourd'hui. L'énorme masse chinoise ne
saurait se lever, et se renouveler comme le
petit Japon volcanique : la part du nouveau
dans la transformation moderne de la Chine
doit être encore moins considérable qu'elle ne
fut au pays du soleil levant. A mesurer ce qui
reste de la violente et retentissante révolution
de 1868 dans le Japon moderne, on ne risque

plus de prendre le change sur la présente révolution chinoise : c'est un phénomène de passage ; ce n'est qu'une transition dont il ne faut
pas exagérer la portée. Ce moyen politique
peut être pour la Chine un facteur de sa transformation moderne ; ce ne peut être le plus
efficacement opérant. Dans cette partie compacte du vieux monde, le permanent limite
puissamment le nouveau.

Politique et esprit ne peuvent rien rénover
que d'accord avec l'antique civilisation. La façade remise à neuf doit s'appliquer et s'ajuster
au fonds solide : elle n'en peut dépasser les
limites, sous peine de n'être que placage inconsistant.

L'État, si puissant et si éclairé au Japon, s'est
montré en Chine sans autorité. Dans cet immense pays à peine unifié par sa morale, toute
force vient de l'individu, et ne s'exerce qu'autour de lui, sans lointaines convergences au-
delà. Le Chinois ne voit pas loin, mais il agit
excellemment près de lui : sa faiblesse politique
et sa valeur économique résultent de là.

Aujourd'hui la Chine n'est plus libre de
n'avoir pas de politique ; les puissances étrangères lui imposent leur exemple ou leur tutelle. Elle doit connaître, accepter ou subir, les
barbares de la mer.

Voilà deux ans qu'elle essaie gauchement de
s'adapter à ce qui la choque.

II

LA PREMIÈRE SESSION DU SÉNAT PROVISOIRE.

UN AN AVANT LA RÉVOLUTION

Péking, septembre 1910.

Tandis que l'atmosphère sèche des étés brû-
lants commence à se rafraîchir, la capitale re-
gorge d'esprits excités et cassants qui ne se dé-
tendent pas. Ils se ravivent, ils reprennent de
l'élasticité ; et l'animation tumultueuse s'accroît.
Tout le monde des fonctionnaires, tout ce qui
en approche s'inquiète, s'agite : le petit employé
de ministère, le professeur, l'étudiant, le grand
mandarin qui intrigue. On s'informe : Tang
chaoyi, ministre des Communications, sera-t-il
revenu de Canton pour le 3 octobre ? Ce n'est
pas possible. Il n'assistera pas à l'ouverture de
la première Chambre délibérative chinoise.
Tous les membres de cette assemblée sans

précédent sont arrivés à Péking, quelques-uns
depuis déjà des mois ; et les fêtes se succèdent
en leur honneur ; ils se réunissent, harmonisant
leurs humeurs et unifiant leurs langages, par
les soins des anciens étudiants chinois de
l'Université de Tokio, dont le cercle à Péking
comprend les personnages les plus considérables.

Meng-Tsao-chang, le savant docteur du Kiangsou, est là depuis le printemps et s'applique
avec ardeur, dans la revue constitutionnelle
qu'il a fondée, à indiquer quel doit être le but
commun des hommes politiques de demain.
Ils sont comme lui à Péking maintenant une
centaine de ces membres des assemblées provinciales qui ont siégé, il y a un an, dans leurs
pays respectifs, puis ont été désignés par les
vice-rois et gouverneurs provinciaux pour
constituer, dans la « Cour suprême de contrôle
administratif et politique », la moitié issue du
suffrage populaire au troisième degré, l'autre
moitié étant composée de membres désignés
directement par l'Empereur. D'une part :
16 princes impériaux, 12 représentants de la
noblesse, mandchoue et chinoise, 14 princes
des Colonies pour le Tibet, la Mongolie, le
Turkestan et leurs religions, 6 parents éloignés
de l'empereur, tous ces personnages siégeant
sur les deux premiers rangs, dans la salle des
séances, puis 32 fonctionnaires, 10 savants

lettrés et 10 riches représentant ensemble le savoir, le commerce et l'industrie. D'autre part, les cent députés du peuple occuperont les trois dernières rangées de l'hémicycle : ils sont là pour réclamer la convocation prochaine de la véritable assemblée nationale. Eux ou leurs collègues des conseils provinciaux ont déjà adressé deux pétitions au trône, mais en vain ; la seconde et dernière fois, le décret du 27 juin leur a appris que, par respect de la volonté des défunts empereurs, le terme de neuf ans qui est fixé ne peut être changé ; et sous peine de châtiment il ne faut plus rien demander de ce genre. Mais ils sont obstinés, et, entretenus par leurs commettants, ils restent à Péking dans l'espoir d'aboutir ; voici que, pour l'ouverture du Sénat, le gouvernement alloue une mensualité de 750 francs à chacun des sénateurs : ils abou-tiront. Ils se réunissent à la « maison des repré-sentants », discutent, subissent la contagion des étudiants exaltés, qui semblent expulsés de Mandchourie et les apitoyent sur le sort que réserve au pays l'annexion de la Corée et la récente entente russo-japonaise. Quand la na-ture moins accablante rend de la spontanéité à l'esprit, voilà les hommes qui l'affolent par leurs intempérantes agitations : ils veulent la convocation immédiate du Parlement.

Mais la chaleur qui s'accroît à ce foyer d'effervescence ne rayonne guère au dehors. La

foule est fort sceptique sur l'issue de l'assemblée nouvelle. Ce que le trône a repoussé, quand
le réclamaient avec insistance les délégués des
assemblées provinciales, pourquoi les membres
du *Tseu tcheng yuan* l'obtiendraient-ils plutôt ?
Il s'en faut qu'on croie généralement à la réussite de ces espoirs. Beaucoup n'ont que des
moqueries ou de l'indifférence pour les prétendus sauveurs du pays. Il s'en faut qu'on
croie dans certains milieux politiques influents
à l'utilité de cette réussite : le 28 septembre,
quelques jours avant la première séance, deux
des plus puissants vice-rois, Sie-liang pour
la Mandchourie et Chouei-tseng pour les deux
Hou, déclarent dans un rapport au trône que
« les soi-disant lois constitutionnelles ne peuvent que précipiter la ruine de la Chine, bien
loin de la fortifier et de l'enrichir ». « Plus que
l'instruction publique, la facilité des communications peut civiliser le peuple et ouvrir l'intel-
ligence. » L'insouciance, le doute ou l'hostilité
du plus grand nombre semblent bien devoir
étouffer les ardentes convictions de cette poignée de gens opiniâtres, qu'un double échec n'a
pas encore découragés.

C'est dans ce milieu d'effervescence très chinois, fiévreux et paresseux tout ensemble, où
s'amalgament l'apathie et la surexcitation, c'est
dans cette mêlée d'intrigants circonspects, et de
convaincus généreux ou méthodiques, que le

Céleste fait sa première expérience de régime constitutionnel. Quelques-uns voyaient grand, plus grand qu'ils ne pouvaient faire, plus grand qu'on ne les laisserait faire ; ils étaient fort peu.

*
* *

Le régent fit grand. La mise en marche du rouage nouveau ne manqua pas de magnificence. La réunion du Sénat, décidée par décret impérial du 20 septembre 1907, a été annoncée par décret le 9 mai 1910 pour le 3 octobre 1910. Ce jour-là, le Régent ne sort pas de son palais comme il fait d'ordinaire dans sa victoria que devance et flanque un peloton de cavaliers écartant la foule au passage. Pour cette circonstance mémorable, il est porté en traditionnelle chaise jaune, suivi d'un long cortège entre une haie de troupes ; garde impériale, cavalerie, police, 3.000 hommes sont sous les armes ; il y a des sentinelles jusque sur les toits des maisons. Par les rues respectueusement désertées, mais patriotiquement décorées de drapeaux, s'avance ainsi le détenteur de l'autorité qui autorise le peuple non à en jouir, mais à en jouer dès aujourd'hui pour trois mois. Au seuil du palais parlementaire provisoire, il est accueilli par le président du conseil de l'Empire, le prince K'ing et par le prince P'ou loun, président de l'Assemblée. Il s'assoit à droite du trône impérial, resté vide au fond de la salle. Le décret d'ouverture est lu en séance, et affiché en ville. L'Empereur défunt y est glorifié pour le fait sans précédent qu'il a préparé ; on proclame que l'attention du pays et de l'étranger est en ce moment concentrée sur ce « lieu d'impartialité ».

La cérémonie s'achève sans agenouillements asiatiques. Quelques jours après, comme une ambassade est dépêchée à K'iüfou, au temple de Confucius, pour signifier au Sage un nouvel avènement, de même un prince du sang est délégué pour faire des offrandes au temple de l'Empereur Kouang-Siu et l'informer de l'événement.

*
* *

Quel sera le travail de cette Assemblée ?

Le Trône entend avoir toujours la direction de ce qui s'y fera, et par ce moyen nouveau s'entourer seulement de plus d'information.

En établissant le programme, le gouvernement l'a compris ainsi. Tout ce qui doit être soumis à la délibération a été minutieusement préparé dès longtemps par les bureaux : questions d'intérêt général, questions financières, préparation des budgets, questions de la presse, des écoles, lois sur les assurances, taxes sur le revenu et le commerce, questions des transports, de l'opium, du développement industriel. Le

Sénat reçoit aussi les pétitions du peuple ; mais la souveraineté de l'autorité impériale reste intacte, car aucune délibération ne peut être mise en vigueur sans l'approbation de l'Empereur ; et si (art. 5, chap. ii du rapport fondamental du 27 août 1908) les Chambres peuvent mettre en accusation les ministres qui ont commis une faute contre les lois, le pouvoir de les garder ou de les renvoyer appartient à l'Empereur. Tout ce qu'on attend des représentants du peuple, c'est un concours dévoué, et de l'impartialité dans l'examen de ce qu'on leur propose ; ils n'ont aucune initiative.

L'Assemblée doit être un intermédiaire, organe essentiel dans la civilisation chinoise, qui rapproche l'autorité centrale et le peuple. Jusqu'ici ce sont, tout à leur profit, les mandarins et les lettrés, depuis le dernier globulé du moindre *yamen* jusqu'au plus puissant vice-roi, qui unissent l'Empereur et ses sujets. Le nouvel instrument de règne facilite la centralisation à Péking du pouvoir politique, et diminue d'autant l'autorité quasi-discrétionnaire et indépendante des vice-rois et gouverneurs de provinces, ce qui est un premier acheminement vers la réforme des mœurs mandarinales ; déjà le télégraphe et le chemin de fer ont rapproché les subordonnés de l'autorité de Péking ; la transformation politique continue l'œuvre commencée par la transformation économique, l'une et l'autre au béné-

fice du pouvoir impérial. Aussi le Sénat con-
naîtra-t-il des débats des assemblées provinciales, et pourra-t-il évoquer les différends entre
celles-ci et la plus haute autorité régionale, le
vice-roi (à la majorité des deux tiers, il peut
même signaler à l'Empereur, comme un cen-
seur, la mauvaise conduite d'un personnage
important). Dès le 4 octobre, au lendemain même
de l'inauguration, on apprend au Sénat que les
conseillers provinciaux du Koangsi ont démissionné, parce que le gouverneur ne veut pas se
montrer très sévère envers les fumeurs d'opium,
et néglige l'interdiction de la culture du pavot.
Aussitôt le Sénat est saisi du débat et le prince
P'ou loun invite les conseillers à garder leur situation. Le 13 octobre, ce sont les conseillers provinciaux du Tchekiang qui annoncent leur démission au Sénat, par suite de la destitution du directeur général des chemins de fer de la province :
Tang-chou-siuen. Le vice-roi de Nankin fut ac-
cusé pour avoir contracté témérairement des emprunts avec les étrangers. Le vice-roi du Houpé
pour les emprunts du Hounan, celui du Yunnan
pour le sel, furent inquiétés.

Mais rapidement le gouvernement dut ne pas
retenir ces remontrances à l'autorité : ce que
faisait là l'Assemblée n'était point du tout ce
qu'on avait voulu qu'elle fît. Le danger du système et du programme apparaissait à l'usage.
Le Sénat acquérait l'autorité gouvernementale

aux dépens non seulement des gouverneurs locaux, mais du gouvernement même. De là les tiraillements, dès le début de la collaboration, entre
les fonctionnaires des ministères, chargés d'informer les sénateurs, et les commissions chargées d'examiner les questions ; dans le principe,
il y a malentendu sur l'objet du travail et plus
encore sur le résultat. Les sénateurs ne tardent
pas à proposer de se séparer ; ils veulent que leurs
délibérations soient efficaces, et ils cherchent à
avoir prise sur ce qui leur paraît être l'obstacle,
le conseil de l'Empire ; ils entendent légiférer,
et avoir devant eux un cabinet responsable.
Sans doute ces lettrés, ces princes, ces fonctionnaires, ces députés des provinces choisis parmi
les élus du peuple au deuxième degré, n'ont point
encore la force de se grouper en partis autour
de ceux des leurs qui devinent la situation.

S'ils gagnent sur le premier point en obte-
nant la convocation d'une Chambre législative
quatre ans plus tôt qu'il n'était fixé, c'est qu'ils
ont subi l'entraînement de la violence exercée
sur eux par les délégués de Mandchourie, c'est
que leur salle de délibérations paisible a été
envahie, c'est qu'ils ont été troublés à la vue du
sang de deux jeunes gens qui, en se tailladant
les bras et les cuisses, ont maculé la troisième
pétition qu'on allait remettre au trône après
sage relecture, pour demander la convocation
anticipée de l'Assemblée.

Quel est le résultat du travail fait par l'Assemblée ? Ce qui sanctionne l'œuvre des sénateurs, dans l'esprit même du gouvernement, ce sont les décrets impériaux qu'elle provoque : ils sont lus comme l'essentiel au début des séances. Or les plus importants décrets rendus au cours de ces trois mois de législature ne visent pas les questions qui étaient au programme, soumises d'ailleurs à l'examen des commissions bien plutôt qu'à la discussion des grandes séances. Pendant toute cette période on ne trouve pas de décret réorganisant, selon les vues des sénateurs, soit le régime scolaire, soit le régime des impôts, soit le régime des transports ; le vague décret qui interdit l'opium est du 13 janvier et la clôture de la session a été prononcée le 11 ; tout au plus le 4 janvier, à la fin de la législature, un décret repousse-t-il l'idée de couper la tresse et de changer d'habits, quoique le Sénat ait voté par 102 voix contre 29 l'ablation de la natte dès la séance du 15 décembre. Le 10 novembre, c'est sur un rapport, non pas du Sénat, mais du Bureau des lois constitutionnelles que les codes pénaux sont promulgués par décret, quoiqu'ils aient été attaqués à la Chambre délibérative précisément la veille par Lao nai sien.

Les décrets importants, ce sont ceux du 4 et du 5 novembre fixant la convocation de l'Assemblée nationale, comprenant les deux Chambres

haute et basse et le Conseil responsable, au
printemps 1913, six ans plus tôt qu'il n'avait
été fixé par l'Empereur libéral et, cette fois,
après avis des vice-rois, du Sénat, du Bureau
des lois constitutionnelles et enfin de tous les
princes et hauts mandarins convoqués le 3, en
audience spéciale et comme plénière. Le décret
est signé de tous les ministres et grands conseillers. Quoique le ministre de l'Intérieur,
prince Sou, se soit déjà montré favorable aux
réformistes, en portant lui-même au régent,
absent de Péking, la pétition ensanglantée que
les sénateurs lui apportaient, et ait obtenu la
convocation anticipée, il n'en doit pas moins,
selon l'ordre impérial, maintenant chasser de
Péking tous les représentants provinciaux qui
y attendraient vainement, encore pendant plus
de deux ans, et particulièrement chasser Seng-
hong-yi, leur doyen, qui manque de respect en
demandant sans cesse la convocation immédiate de l'Assemblée nationale.

C'est le décret du 12 novembre, rappelant
aux bureaux et ministères intéressés que d'ici
1913 ils doivent préparer les lois constitutionnelles et organiser les nouvelles administrations.

C'est, dans le même genre, le décret du 4 décembre, c'est celui du 18 décembre, où la démission collective des membres du Conseil de
l'Empire et du prince K'ing est repoussée et

où il est dit que le Sénat n'a pas à accuser le grand Conseil de refuser la responsabilité, parce que cela ne regarde pas le Sénat, mais l'Empereur seulement.

Ce sont surtout les décrets du 24 décembre répétant, comme celui du 4, qu'il faut punir gravement ceux qui insistent pour demander encore que le Sénat définitif soit convoqué plus tôt, et ne pas leur accorder de pardon ; c'est le décret du 26 qui fait l'éloge du prince K'ing : tout cela en réponse aux rapports que l'Assemblée a chargé six des siens d'écrire pour accuser le grand Conseil ; c'est le décret du 30, c'est celui du 4 janvier, tous les trois répondant aux trois rapports d'accusation.

Voilà ce qui montre l'œuvre de l'Assemblée et comme elle a dévié ! Ce qu'ont fait les sénateurs n'est point du tout ce que l'empereur attendait d'eux en les convoquant le 3 octobre : ils ont changé le programme fixé par l'Empereur.

C'est tout différent aussi de ce que rêvaient les plus éclairés, ceux qui s'étaient fait un programme et l'avaient voulu proposer à leurs collègues ; Meng Tsao chang a résumé leur politique dans ces dix maximes : 1º montrer l'esprit des lois constitutionnelles pour protéger la constitution monarchique ; 2º hâter l'établissement du gouvernement responsable pour fixer les devoirs des hauts fonctionnaires ;

3º préparer l'établissement de l'Assemblée nationale pour organiser les pouvoirs législatifs ;
4º améliorer les affaires politiques pour fixer
les dépenses officielles ; 5º enquêtes sur la situation topographique de l'Empire pour le
mettre à l'abri des dangers ; 6º développer les
communications pour faciliter la mise en valeur des arts pratiques ; 7º améliorer les taxes
pour mettre en ordre les questions financières ;
8º fixer les pouvoirs des autorités pour laisser
le peuple établir l'ordre dans le pays ; 9º développer l'instruction publique pour ouvrir l'in-
telligence du peuple ; 10º encourager le développement des arts agricoles, industriels et
commerciaux pour enrichir l'Empire et le
peuple [1].

Le plus jeune des vice-rois, Tchang-Ming-K'i,
expliquait que la cour doit fixer les yeux seulement sur les principales lois constitutionnelles ;
tout l'esprit de la constitution se résume, pour
lui, en trois points : le gouvernement responsable, l'Assemblée nationale, l'indépendance
des pouvoirs judiciaires. Le développement de
l'instruction et l'organisation de la police res-
sortissent aussi bien aux régimes tyranniques
qu'aux régimes constitutionnels. Seul le recen-
sement des familles et des habitants, l'amélioration des finances, le changement des anciens

1. Traduction de *l'Écho de Chine*, vol. XVII, nº 43 du
27 oct. 1910. Changhaï.

règlements mandarinaux et l'établissement des lois spéciales sont du programme constitutionnel. Il faut aussi pratiquer l'économie pour éviter la ruine de l'Empire et du peuple.

*
* *

Après qu'elle a fonctionné, a-t-on de l'Assemblée une meilleure idée qu'avant la première réunion ? Quelle est l'opinion ?

L'édit de clôture dit que le Sénat a été fondé à l'essai, que ses règlements ont encore bien des imperfections à corriger, graduellement, que les conseillers doivent se montrer fidèles à l'Empire et tâcher de bien traiter les affaires, d'augmenter leur science et leur expérience.

Le 4 janvier 1911, à la fin des travaux, Yi-Tsong koei demande l'intervention du ministère de l'Intérieur contre un journal local qui, dans son numéro du jour, publie une gravure représentant une meute de dogues se querellant entre eux : ce sont les membres du *Tseu-tcheng-yuan*.

En dépit de ces opinions, peu flatteuses, du trône et de la presse, il faut reconnaître que les craintes du vice-roi des deux Kiang ne se sont pas réalisées : les sénateurs n'ont pas été en général des « turbulents demandant beaucoup de droits et n'assumant pas de responsabilités ». Chen Kia pen, le vice-président, est

un juriste très délicat et très moderne et cet
esprit averti est assez représentatif de l'esprit
général que manifestèrent les patriotes hon-
nêtes gens, tous personnages d'un certain
rang et pleins de droiture, qui eurent le courage d'attaquer de front la corruption du grand
Conseil, sans que la fougue de la jeunesse les
y ait entraînés. Pourtant le docteur Liou-ying-
tcheng, le président de l'Université de Péking,
dans un rapport au Trône très violent, les dé-
nonce comme tapageurs, flatteurs, rebelles,
insolents et d'esprit nuisible. Ce n'est pas la
majesté de l'Empereur, mais la leur, dit-il,
qu'ils jugent intangible.

L'Assemblée a réussi a interdire l'opium dans
le Koang si, à obtenir des emprunts intérieurs
dans le Hounan, à augmenter le prix du sel
au Yunnan. Elle partage avec l'agitation des
jeunes gens de Mandchourie le mérite d'avoir
acquis la convocation du Parlement quatre
ans plus tôt, et peut-être d'avoir ébranlé la solidité du Conseil de l'Empire ; mais elle laisse
beaucoup de questions en suspens, celle du
budget surtout.

Ces hommes, presque tous froids, indécis,
sans élan et incapables de résolution, ont été
surtout des discoureurs, et leur verbiage ne
leur a même pas conquis l'estime de leurs compatriotes. Galvanisés un moment par la contagion de la « Jeune-Chine », ils se sont séparés

sans avoir entretenu ce courant ni parmi eux, ni autour d'eux ; c'étaient les joies traditionnelles du nouvel an, ou les craintes de la peste qui occupaient les esprits quand ils se dispersèrent. Tout aux festins ou aux deuils, ils n'avaient point fait dans leurs esprits une place prépondérante à la politique. Il semblait que l'Empire, encore tout-puissant, leur eût octroyé un avantage politique si nouveau pour eux qu'ils se montraient inaptes à en profiter.

Ces privilégiés n'ont su ni s'adapter, ni s'imposer, ni accepter docilement le rôle de réformateurs que leur préparait le trône, ni lui faire subir impérieusement les exigences des révolutionnaires qu'ils ne suivirent ni ne servirent. Ils ne sont positivement pour rien dans la révolution ; mais leur indiscipline fit échouer la politique nouvelle de l'empire qui en fut ruiné, et leur impuissance fit place à l'esprit nouveau des démocrates nationalistes, qui tentent encore aujourd'hui de conquérir le pouvoir vacant.

III

PÉKING A L'ANNONCE DE LA RÉVOLUTION

Dès le milieu d'octobre 1911, des soldats réguliers de la province du Houpé se mutinent, ayant à leur tête leur chef, le général Liyuen hong. Le vice-roi de Wout'chang doit quitter sa capitale où l'autorité civile passe, sur-le-champ, aux mains des rebelles militaires. Le coup d'État s'accomplit vite et pacifiquement, comme si c'était prévu, ou normal. Le commerce continue, les services des administrations ne sont pas interrompus : il y a eu simplement une transmission des pouvoirs, un changement de personnel, les nouvelles autorités reçoivent aussitôt des cadeaux de la part des riches commerçants pour subvenir aux premières nécessités financières. Un régime nouveau s'installe sans qu'on lui résiste.

La capitale provinciale a changé de maîtres
et la population y est sympathique aux nouveaux
venus ; les environs cèdent aussi ; Hanyang, ses
usines et son arsenal impérial, n'offrent pas
plus de résistance, et les rebelles, presque sans
coup férir, sont maîtres d'une situation stratégique de premier ordre, s'enrichissent de munitions et d'argent, et se sentent soutenus par le
peuple qu'ils ne brutalisent pas. La ville com-
merçante d'Hankeou est acquise sans plus de
difficultés. Dès lors les révolutionnaires sont
établis au cœur du pays ; ils tiennent la tête de
ligne du chemin de fer qui conduit à la capitale
impériale à 1.200 kilomètres au Nord. Comment
vont-ils se comporter ? Que va faire le gouvernement à Péking ?

Aussitôt après cet événement, des télégrammes sont lancés par le pays et par le monde qui
annoncent la révolution chinoise. On apprend,
coup sur coup, que les plus grandes villes de
l'Empire suivent l'exemple de Wout'chang;
sur le Yangtse, Kioukiang, Nanking, puis
Changhaï ; sur la côte méridionale, Foutcheou,
et naturellement Canton ; à l'ouest, le Yunnan,
le Sseutchoan, le Hounan, tout semble abandonner le Trône.

Au nord du Yangtse le pouvoir de la dynastie
reste-t-il mieux assuré ? Survient bientôt la nouvelle que le Chantong exige son indépendance,
tout en continuant de reconnaître l'autorité du

gouverneur, transformé en président de république ; mais nulle part il n'y a de sang versé. Des opérations légèrement meurtrières s'engagent au Houpé, le gouvernement envoyant des troupes pour y reprendre ses positions. Par un coup de force violent, les soldats de Tayuenfou suppriment le gouverneur du Chansi et tuent les mandarins mandchous. Hormis ces deux centres militaires, Wout'chang-Hankeou et Tayuen, il n'y a point de lutte ; mais par tout l'Empire les autorités officielles ont perdu leur puissance : c'est bientôt le désordre et le brigandage dans les campagnes, le vol, l'insécurité, le pillage et peut-être, à l'intérieur, le massacre des étrangers et particulièrement des missionnaires isolés. Que la situation se prolonge ainsi dans un pays où tombe le peu de discipline qui maintient l'ordre en temps ordinaire, c'est, à bref délai, le gâchis et les difficultés de toutes sortes. Un mois et demi après ces premiers événements, à la fin de novembre, la situation devient de jour en jour plus mauvaise, et le moment est tout à fait critique, parce que, ni d'un côté ni de l'autre, rien de décisif ne se fait.

Il y a plus de six semaines que la révolution est annoncée, et l'on ne peut dire ni qu'elle triomphe, ni qu'elle soit tenue en échec. A Péking, comme au premier jour, on l'attend pour le lendemain, tantôt dans l'énervement,

tantôt dans le calme. C'est seulement la veille
de la révolution, et comme le sommeil suit
la veille, la nature chinoise ne répugne pas à
ce besoin du sommeil où beaucoup de choses
s'oublient. Résigné, on attend l'événement, si
exposé qu'on soit à en souffrir, comme le Trône
et les Mandchous ; si désireux qu'on soit d'en
profiter, comme les Chinois révolutionnaires.
On fait des armistices, on temporise, on essaie
des compromis, on laisse faire le temps ; on ne
violente rien, parce qu'on est incertain. On
attend que ce soit mûr, on ne précipite rien. La
Cour ne rend même plus de décrets, comme si
elle reconnaissait elle-même que son heure est
arrivée. La conduite des événements lui échappe.
Elle ne se sent plus de force et semble désem-
parée et muette, après les derniers sacrifices
consentis qui ne l'ont pas encore sauvée ; mais
personne n'usurpe ; c'est partout l'indécision,
l'instabilité, l'absence d'initiative brusque. Le
grand jour ne luit pas ; c'en est à peine l'aube
avec ses incertitudes, ses obscurités, ses flotte-
ments. Le Chinois se révèle encore une fois
médiocre homme d'action et grand raisonneur,
tout hanté et façonné non seulement par sa phi-
losophie de lettré, mais surtout par son histoire
dont toutes les circonstances pèsent sur lui,
tant elles restent présentes dans l'esprit même
des moindres gens à peine cultivés.

Que sortira-t-il de là ? Que faut-il augurer de

cette longue attente qui paraît seulement dépri-
mante et stérile ? Que sera la Chine de demain ?
Peut-être prochainement, peut-être dans des
mois, ou dans quelques années, pourra-t-on
répondre à cette question. Le Trône a-t-il encore assez de force et trouve-t-il en Yuan che
kai un ministre assez énergique pour instituer
d'une manière stable la monarchie constitutionnelle qu'il a promise depuis des années, et
dont il a semblé récemment commencer l'essai
avec timidité ? Est-il assuré dès maintenant des
ressources financières qui lui permettront d'installer et de faire triompher ce régime ? A-t-il la
confiance du pays, lui fait-on crédit à l'étranger ? La Chine, embarrassée de difficultés financières, plus pressantes encore que les affaires
politiques, trouvera-t-elle de l'argent pour
faire face à ses engagements, payer le coupon
des emprunts antérieurs, verser la part men-
suelle de l'indemnité fixée à la suite du mouvement boxer ? et, dans ce cas, le gouvernement reprendra-t-il bientôt la direction des
affaires qu'il semble abandonner ? ou bien est-ce
le triomphe des tendances séparatistes, le maintien, et peut-être le morcellement des républi-
ques indépendantes qui déjà se sont constituées, et qui entendent diriger à leur guise
leurs affaires, surtout fixer leurs impôts et
régler les dépenses à leur convenance ? Quelle
autorité pourraient avoir ces nouveaux États, et

comment l'ordre peut-il être maintenu, à une époque troublée, par des hommes nouveaux sans expérience et sans tradition ? Comment réprimer seulement le brigandage, si on le laisse se produire ?

Pour le moment on ne peut que noter ce qu'on voit, et suivre les événements que personne ne semble décidé à diriger. Il n'y a qu'à présenter — il ne saurait être question de juger — ce qui se voit ou se dit au jour le jour dans les divers milieux, à Péking et dans les provinces, au Gouvernement et aux armées, chez les hôtes étrangers, et parmi les plus hauts fonctionnaires de l'Empire ou le simple peuple. Les paroles entendues, les physionomies notées, les choses vues sont le plus sûr de l'histoire présente de la Chine.

* *

A Péking, si l'on n'en croit que ses yeux, le trouble n'est pas manifeste ; mais, à écouter attentivement ce qu'on entend, on ne saurait vivre que dans l'émoi. On en raconte bien plus qu'on n'en peut voir.

Les rues ensoleillées n'ont guère changé d'aspect. Les charrettes servant aux visites sont moins nombreuses que de coutume, et les belles mules au poil luisant sont rares ; mais on voit beaucoup de charretées de fournitures militaires, équipements, lits, vêtements, matériel de campement, et, juché en haut, les jambes pendantes et le fusil entre les jambes, un soldat de garde qui veille sur le chargement pendant le transport. Il y a aussi des voiturées complètes de militaires, traversant pêle-mêle la ville et suivant les convois de l'intendance ; tous les services de l'armée sont encombrés : partout bancs, tables, cantines, caisses de munitions ; des files entières de chars[bas obstruent les rues, sans compter quelques voitures de déménagement, encore plus en désordre que les équipages militaires.

Aux gares, certains jours, c'est la panique, l'affolement, tant il y a de presse. Même les wagons de première classe et jusqu'aux fourgons sont si pleins qu'on s'y tient debout dans les couloirs et entre les banquettes. Quantités de pauvres gens qui n'ont pas trouvé de place se juchent debout entre deux voitures, sur les tampons et les crochets, où ils ont ficelé leur literie et leur petite malle en peau de cochon ; au risque d'être gelés, ils aiment encore mieux faire ainsi plusieurs heures ou une journée de voyage que de rester à Péking. Les plus riches louent des wagons entiers et s'y encaquent, eux et toute leur famille, petites femmes fragiles et enfants remuants qui mangent des sucreries ou des fruits. On emporte tout ce qu'on a, — jusqu'à sa voiture et ses mules harna-

chées, — tout cela serré avec les domestiques,
les petites gens et les ballots de toutes sortes
dans les wagons de marchandises. Pendant
quelques jours ce fut l'exode des habitants de
Péking : on estime à 300.000 les voyageurs qui
partirent. Les trains revenaient vides.

Aux foires, qui se tiennent journellement
dans des quartiers déterminés, malgré 'cette
fuite inaccoutumée, l'affluence reste considérable ; le peuple, les femmes surtout, se pres-
sent en plein vent aux étalages d'ornements
argentés pour la chevelure ; les hommes et les
gamins, voire les soldats, s'entassent dans les
théâtres forains et autour des tréteaux d'acro-
bates, rassasiant leurs yeux et leurs oreilles de
tours et de mots de carrefour. Les clients se
poussent devant la boutique du marchand
d'étoffes et de vêtements tout faits, la plupart
usagés et sortis du mont-de-piété. Chaque
objet est déplié avec importance, les qualités en
sont vantées avec faconde, le prix minimum en
est annoncé avec bonne humeur par le patron,
repris deux ou trois fois sur le même ton par
les commis, et, sans arrêt, le déballage et le
débit des manteaux et des culottes s'opère.
C'est autant de sauvé du pillage redouté.

Animation de la classe moyenne qui constitue une bonne part du million de population
pékinoise, insouciance générale de ce qu'on
peut appeler le peuple, affluence et volubilité

des passants, tout est normal ; il y a seulement
moins de mouvement chez les gens un peu
plus aisés qui circulent d'ordinaire en charrettes ; les rayons qu'ils achalandent dans
les bazars sont en général déserts ou même
absents : il n'y a plus que des tréteaux aux
places où se vendait le jade ; mais, exception
faite de cette catégorie de clientèle, la ville est
vivante comme d'habitude, en dépit des nouvelles revenant d'Europe, qui rapportent que
la capitale chinoise est assiégée, prise, livrée
au pillage. Le Chinois n'est pas si tragique.

Le soir, le calme complet se fait très tôt, la
nuit envahit tous les quartiers du centre de
cette ville qui ne se modernise que lentement
et péniblement. De chétives petites ampoules
électriques à la lumière rougeâtre, espacées
d'un seul côté des rues, éclairent mal des tas
de poussière, des monceaux de boue ou de
neige, et des ornières profondes. On a ré-
paré en hâte avec d'épais madriers le bas des
portes, pourries derrière leurs tôles de fer ; on
a élevé de grosses barrières en bois à l'entrée
de certaines rues latérales, comme si on voulait cantonner dans certains quartiers l'invasion prévue, et, le soir, des policiers se tiennent trois ou quatre à ces portes, le fusil en
bandoulière, la baïonnette au bout, grelot-
tant ; quelques rares, très rares patrouilles
troublent le silence ; les chevaux des veil-

leurs vont par deux, en promenade, au petit
pas, sommeillants, réveillés seulement par
la brusque survenue de deux ou trois moto-
cyclettes à pétrole montées par des Chinois, qui
scrutent ainsi l'immense surface que couvre
Péking.

La nuit, le silence et l'obscurité complète, le
seul bruit des gardiens frappant à coups secs
sur leur bambou, pour prévenir les voleurs ;
de jour, une activité à peine ralentie chez les
gens aisés, une grande animation aux gares,
une panique momentanée parmi les chrétiens
qui peuplent le quartier du Pétang et qui, crai-
gnant un massacre de Mandchous, demandent
refuge et secours à la cathédrale catholique où
sont installés quarante soldats français et un
lieutenant ; les voitures de visites moins nombreuses et remplacées par des équipages militaires ou des chars de déménagement sortant
de l'enceinte : tel est l'aspect de la ville. Des
dépêches américaines ont parlé d'incendie : il
n'y en eut pas d'autre que le petit feu qui éclata
un après-midi au ministère des Rites, brûlant,
s'empressa-t-on de dire, les registres d'état
civil et de propriétés des Mandchous. La
flamme ne se propagea pas, on en fut maître
avec une pompe à vapeur, alimentée par des
brouettées de bidons à pétrole remplis d'eau, et
traînés par des coolies. On déménagea dans la
rue les meubles de quelques cours qui pou-

vaient être menacées ; mais il n'y eut alors aucune panique, aucun énervement.

Dans le quartier des Légations il y a quelque
chose de changé. De nombreux Chinois ont
envahi très pacifiquement l'hôtel européen et
sont venus se mettre à l'abri, eux et leurs
familles. Des chambres sont occupées par six,
huit personnes, femmes et enfants, qui ne mangent pas à la salle commune, et dont on chu-
chote que c'est la famille de Natong ou de
quelque autre personnage considérable. Le
cinquième fils du prince Tsing, lui-même, est
tous les jours dans le hall à siffler son chien bas
sur pattes ; et d'autres, Mandchous ou Chinois,
indifféremment, tous ceux qui se croient
menacés et qu'on appelle des réfugiés politiques, ont pris asile dans ce quartier qui,
d'après le protocole de 1902, ne peut être habité
que par les étrangers et leurs domestiques
chinois. Même quelques barons ou princes de
la famille impériale cherchent abri chez les in-
terprètes des légations, qui partagent leurs
chambres avec des compatriotes habitant les
quartiers chinois, et qui sont « rentrés » en
ville. On dit que les ministres étrangers ont
prévenu leurs nationaux de se préparer à faire
leurs malles ; des caisses d'objets de valeur,
curiosités, livres et documents, ont été ramenées
dans l'enceinte des légations. D'autres étrangers se sont contentés de faire flotter le drapeau

de leur pays au-dessus de leur maison, dans la ruelle où ils habitent, et ont mis leur nom, comme une protection, devant leur porte.

L'énervement cesse seulement quand Yuan, arrivé à Péking, a fait ses visites aux représentants des puissances, accompagné de son vice-ministre des Affaires étrangères. Le président du Conseil est un peu anxieux, mais il manifeste toute sa confiance dans les troupes impériales qu'il vient de quitter à Hankeou ; c'est d'elle qu'il attend la solution du conflit, car il a éprouvé qu'il n'y a plus d'autre moyen d'en finir. La familiarité de ce gros homme, moins contesté parmi les étrangers que parmi les siens, rassure. Il parle de sa nombreuse famille, dix filles et treize garçons dont l'aîné a trente-trois ans, et cela suffit pour que des caisses d'objets précieux retournent chez leurs propriétaires et que leur contenu soit remis en place.

On suit ce qui se passe dans les banques ; on y offre aujourd'hui trente-six onces d'argent pour une once d'or ; on en donnait quarante et une naguère, c'est donc que le trésor de la vieille impératrice, que Li hong tchang avait montré aux troupes alliées pour qu'on le gardât, a été petit à petit déposé dans les caves des établissements de crédit : la Cour monnaye ses richesses. Un jour treize charretées d'argent sortent de la ville tartare, puis y rentrent ; on les voit stationner devant la banque : quelle

est cette opération? serait-ce la commission
d'un emprunt dont on parle; est-ce le million
que le Trône fait remettre à tels bureaux, mais
pourquoi sort-il d'une banque étrangère? Sur
des données fantaisistes toutes les suppositions
se donnent libre cours.

Aux bureaux du chemin de fer de Péking-
Hankeou, les employés s'agitent; le personnel
demande deux mois d'appointements d'avance,
des augmentations, des indemnités pour les
familles de ceux qui ont été tués par les soldats dans le Sud; les recettes ne viennent
plus, quoique les révolutionnaires ne les aient
pas interceptées. Le ministère de la Guerre
cherche vainement à emprunter. La ligne, qui
ne dispose même plus de ses propres ressources,
manque d'argent; il n'y a presque plus d'huile;
on ne peut pas, faute de pouvoir les solder,
prendre livraison des fournitures à quai; on ne
fait plus de nouvelles commandes, on ne passe
en ce moment aucun marché, quoiqu'il n'y ait
pas de houille d'avance pour longtemps; la direction estime qu'on marchera au jour le jour.
Il n'y a d'ailleurs pour ainsi dire pas de trafic.
Les services sont désorganisés par les multiples et incohérentes manœuvres des trains de
mobilisation. Les chefs de gare, occupés jour
et nuit, sont malmenés et surmenés; beaucoup
quittent leur service; c'est une administration
en pleine déroute.

*
* *

Un des endroits où l'on s'attendrait le moins
à trouver le calme et qui donne pourtant la
meilleure impression, c'est le « Parlement provisoire ». Dans un quartier solitaire, au sud-
ouest de la ville, voisinant avec des écoles,
occupant eux-mêmes des bâtiments scolaires,
les députés siègent l'après-midi et préparent
souvent les décrets impériaux du lendemain.
Le véritable gouvernement est là, dans cette
grande salle provisoire, au plafond et aux murs
encore humides de plâtre gris. L'aspect n'en
est pas imposant : un hémicycle, trois gradins
devant une estrade placée entre la tribune rarement occupée et le siège impérial toujours vide ;
ce siège est en bois noir, devant une tenture
de soie jaune. Quelques tapis verts, sur les
planches des bureaux et des gradins, tranchent
sur la boiserie, fraîchement peinte, des petites
tables où prennent place deux représentants.
Tout cela est sévère, frais, neuf, inaccoutumé.
Aux portières, des velours verdâtres, lourds
et usagés. La boîte en cuivre de l'encrier et le
pinceau sur chaque pupître numéroté, préci-
sent encore l'aspect de salle d'examen qu'a cette
Chambre. L'éclairage est fourni par deux lampes
à arc pour la salle et trois ampoules pour l'estrade présidentielle ; le chauffage est à la vapeur ; le tout, sans luxe ; tout au plus le con-

fortable ; pas d'autres sièges que des chaises à
dessus de toile cirée, pour l'hémicycle comme
pour les galeries supérieures où est admis le
public et d'où vient la lumière. Dans les tri-
bunes s'accoudent aux modestes balustrades de
de bois peint en gris et bleu, pas plus élégantes
que celles des galeries des théâtres populaires,
une douzaine d'étrangers aux meilleurs jours,
et cent à cent cinquante Chinois. Encore, par
crainte de ce maigre public, l'Assemblée décide-
t-elle souvent de délibérer en secret, comme
s'il pouvait y avoir des secrets d'État en Chine !

Le président, de petite taille, la figure atten-
tive et sans émotion, tout le corps porté en
avant, suit les phrases que chacun prononce de
sa place, et répond aussitôt avec calme, placi-
dement. Ce n'est pas une sinécure que la présidence ainsi entendue. Comme si tout s'adres-
sait à lui directement, il parle presque autant
que tous les députés ensemble, excepté quand
l'un d'eux monte à la tribune, et fait un petit
discours de quelques minutes, ce qui est rare.
Habituellement, ce sont des phrases isolées et
rapides que chacun lance de sa place, debout,
le nez sur son papier ou parlant d'abondance,
timidement ou nerveusement ; quelquefois des
répliques vives ou des interruptions violentes
arrêtent le bredouillement d'un débutant ; rarement on entend de vraies harangues académi-
ques un peu composées. Il y a, en général, chez

les orateurs, plus de conviction que d'habileté ;
aussi les malins, qui savent jouer du geste et
de la voix, obtiennent-ils facilement ce qu'ils
veulent de cette assemblée. On entend des
voix émues, sortant de poitrines oppressées, des
morceaux d'éloquence facile et quasi-coulante,
des serments faits d'une voix lente et ferme
avec, par endroits, des éclats plus vifs, la main
gauche sur la poitrine ; les applaudissements
sont rares et peu nourris. On voit des vieux et
des jeunes, des tresses et des têtes aux cheveux
coupés à l'européenne, des gens épais et ronds,
des allures bureaucratiques placides, le tout
dominé par le calme de l'élégante et grave
silhouette présidentielle toujours debout, tour-
née à droite ou à gauche vers celui qui parle,
envoyant aussitôt deux mots de réponse.

Les décrets impériaux sont lus dès qu'ils
arrivent à la séance ; ils sont écoutés debout ;
ils ne font guère que sanctionner les rapports
du parlement.

Dès les premières réunions, cette sage assemblée a pourtant brisé le ministre des Communications Chengkongpao, un richissime Cantonais, qui a signé les contrats des chemins de
fer des grandes lignes actuelles du Pienlo,
du Chansi, du Yunnan, mais dont la politique
financière nationaliste avait offensé les notables
provinciaux. L'homme de progrès de la Chine
moderne n'a point trouvé grâce devant ces rigo-

ristes théoriciens, peu habitués à la pratique des
affaires, peu expérimentés et vraiment intransigeants ; chez les Chinois accoutumés à traiter
toutes les questions par arrangements, pareilles
violences ne peuvent être que passagères.

Le 30 octobre, par des décrets de dessaisisse-
ment, le Trône et la famille impériale ont abdi-
qué entre les mains des parlementaires ; mais
ceux-ci n'ont rien créé de neuf. Beaucoup de
leurs propositions sont classiques en pareilles
circonstances dans l'histoire chinoise ; quel-
ques-unes, qui paraissent les plus violentes, ont
des précédents quasi-textuels dans les annales
du pays, par exemple l'exclusion des princes
des hautes charges de l'État, et l'envoi de pacificateurs extraordinaires dans les provinces,
tous gens de la province même, aimés dans
leur pays et ayant pris l'air, sinon le mot, de la
capitale. Yuan ne paraît pas être leur homme
et ils ne se montrent pas les hommes de la
situation. Eux qui s'étaient si bien entendus
cette année avec le Trône, après l'avoir com-
battu si âprement l'an passé ; eux qui, cette
année, étaient les annonciateurs, les théoriciens
et les organisateurs de la monarchie constitutionnelle, et qui servaient d'intermédiaires
loyalistes entre la dynastie qu'ils consolidaient
et les rebelles républicains de l'armée, ennemis
de la dynastie et faiseurs de pronunciamientos,
— semblent ne pas soutenir Yuan à qui la

Cour paraît s'en être remise de ses destinées présentes. Manifestement Yuan les met de côté, et ils ne s'imposent pas.

Que se passe-t-il à la Cour ? Elle semble s'effacer. Ce qu'on sait d'elle ne montre pas qu'on s'y affole ; on y parle cérémonieusement et rituellement, comme si rien de nouveau ne s'était produit. Au moment où certains journaux annoncent la fuite projetée de la famille impériale, un décret invite les princes, ducs, marquis, barons et dignitaires, à se mettre en costume à telle date pour la reprise des quartiers d'hiver. La cérémonie de la prestation du serment au temple des ancêtres, garantie de la fidélité de l'Empereur à la Constitution, s'opère comme un rite. La Cour ne semble pas gouverner et personne ne gouverne. Certains jours, il n'y a même pas un décret à l'*Officiel*. La ville, la nuit, avec ses avenues spacieuses et larges, paraît une solitude à peine éclairée de quelques lumignons et traversée de quelques patrouilles, noyée dans le silence et l'obscurité ; de même tout est éteint et morne à la Cour. A moins que les troupes n'abondent derrière les hauts murs aveugles qui entourent la ville interdite, parmi les arbres dont les cimes touffues débordent les toits des murs, tout est mort dans cette enceinte. Rien ne paraît plus facile que de tenter un coup de

main sur la Cour, et que de prendre la direction des affaires, puisque le Gouvernement ne
se manifeste plus ; et cependant, tactique ou
faiblesse, timidité ou tradition, — l'avenir
seul en décidera, — il ne se produit rien ;
l'attente persiste. Les rentes mensuelles sont
distribuées aux Mandchous ; ils restent les
privilégiés de leur régime de conquête ; on
a diminué seulement les versements ; les ra-
tions de riz, dit-on, sont épuisées, et pourtant
les soulèvements qu'on attendait ne se produisent pas. On les craignait, et le calme le
plus invraisemblable se maintient dans la capitale.

Péking ne donne nulle part l'impression d'une
situation critique. C'est seulement partout le
désordre et l'indécision dont la Chine se meurt.

*
* *

Il paraît évident, dès lors, que c'est de l'intérieur du pays, des provinces et non du Gouvernement, que viendront les décisions. Yuan,
avant d'accepter le pouvoir discrétionnaire que
la Cour lui offrait comme à un sauveur, est allé
à Hankeou, et y a essayé armistices et compromis ; en revenant à Péking, il s'est arrêté à la
porte du Chansi, le second foyer de la rébellion
armée, après le Houpé, et il a donné l'ordre au

général Toan, qui est à la tête des troupes impériales, de temporiser.

On ne sait pas au juste ce que son voyage vers les rebelles signifie, mais on s'aperçoit très vite de son inaction. Il a tout arrêté. C'est, si l'on veut, une manière de protéger Péking, mais toute négative. Chacun reste sur ses positions.

En ce moment, Péking dépend du dehors, dépendrait même de l'étranger, si l'étranger voulait intervenir à propos des difficultés financières. La Chine est en faillite : les échéances n'ont pas été payées depuis le 31 octobre, et elles s'accumulent lourdement depuis cette date : mensualités des indemnités de troubles, intérêts et amortissement des emprunts anglo-allemands de 1895, 1896 et 1898, russe de 1895, ainsi que le *Nanking loan* de 1895. L'étranger, dès maintenant, par suite de ces défaillances, a prise sur le gouvernement de Péking qui ne peut conserver sa souveraineté que s'il trouve de l'argent.

Mais, sans considérer pour le moment cette dépendance où il est de l'étranger, on peut dire que le Trône dépend de l'intérieur : et de ce qui se passe aux armées, et de ce qui se passe aux assemblées provinciales. Comment se comportent les troupes impérialistes et mutinées, au centre et au Chansi ? Que sont les

parlements des provinces qui se sont déclarées
indépendantes, et se sont constituées en république ? Que s'était-il passé au Chantong, au
Yunnan, à Canton ? Que se passe-t-il à Changhaï, où se réunissent des délégués des provinces fédérées, où vont se réunir Tang chao
yi, représentant de Yuan, et Wou ting fang,
représentant des révolutionnaires ? Que peut
bien être le parlement national de Wout'chang ?
Que fait la nouvelle banque nationale chinoise ?
C'est ce qu'il faudrait savoir pour être en état
de conjecturer l'avenir. Or, les communications
sont désormais interrompues, les fils télégraphiques sont coupés ; les nouvelles n'arrivent
plus que par courrier à la capitale. Cette absence de renseignements venus rapidement est
une des raisons de la lenteur du mouvement.
Ni le gouvernement chinois, ni les légations,
ni aucun journal, personne ne sait avec certi-
tude quel est l'état des provinces. Les bruits
les plus contradictoires circulent, absolument
dénués de fondement pour la plupart. On a
déjà propagé sur les faits et gestes des soldats,
depuis le milieu d'octobre qu'ils se battent,
les erreurs les plus tendancieuses. De la situation militaire et politique des provinces dépend
le sort du gouvernement de Péking, et l'éven-
tualité d'une intervention étrangère pour la
protection des intérêts financiers.

IV

LES REBELLES

Péking, décembre 1911.

L'armée est à l'origine du mouvement révolutionnaire en Chine ; c'est par elle qu'il s'est manifesté ; c'est sur elle qu'il compte presque uniquement, d'où sa force et sa faiblesse. Le soulèvement républicain n'est pas un élan populaire, ni même scolaire, de la Jeune-Chine. Il consiste en une série de mutineries militaires qu'excitent et qu'exploitent un très petit nombre de professionnels de l'insurrection. Une poignée de rêveurs et de mécontents, dangereux parce qu'ils ont des fusils et quelques canons à leur disposition, et surtout parce que l'autorité manque : voilà la révolution jusqu'ici.

Les troubles commencent dans la province de Canton, puis s'étendent au Seutchoan, et

bientôt l'agitation gagne toutes les provinces
au sud du Yangtse. Les ordres partis de la capitale ne sont plus exécutés. Pour raffermir la
situation, il ne suffit plus de commander, il
faut envoyer des troupes et opposer régiments
à régiments ; alors dès le milieu d'octobre, les
soldats vont et viennent par le pays ; il y a des
mouvements de troupes incessants ; des divisions sont déplacées selon les bruits qui cou-
rent ; et l'on attend des semaines un engage-
ment sérieux. C'est la guerre civile, mais sans
esprit de décision, ni du côté des gouvernementaux, ni du côté des révolutionnaires. De
part et d'autre on a mis les soldats en branle
pour effrayer l'adversaire, mais il semble que
le moyen ne soit pas sûr, et qu'on répugne à
en user. Sun yat sen (ou Souen wen) a bien dit
que c'est au pouvoir militaire à ouvrir, puis
à aplanir les voies au parti républicain ; mais
le parti républicain n'a pas constitué d'armées
à proprement parler ; il a simplement débau-
ché des unités gouvernementales, dont la solde
était en retard, ou dont les hommes n'approu-
vaient pas certaines nominations de supérieurs ;
et, de ces soldats réguliers mécontents, poussés
à la rébellion, dans les rangs desquels on a
encadré comme recrues des mendiants et des
meurt de faim, — en leur promettant d'ailleurs
qu'ils n'iraient pas se battre après qu'ils auraient
été vêtus et nourris avec ce qu'on avait saisi

aux magasins officiels d'habillement et d'approvisionnement, — de ces éléments sur lesquels la discipline ne peut guère avoir prise, le parti révolutionnaire, dès qu'il s'est formé en gouvernement républicain, a prétendu faire les armées de la République. Sans doute leur origine était à peu près la même que celles des troupes gouvernementales ; mais on comprend que de pareilles troupes soient incapables d'aucun exploit décisif. Le rôle de l'armée dans la révolution chinoise a été de faire le croque-mitaine. C'est comique, mais aussi cela indique bien le peu de cas qu'on fait toujours de l'armée en Chine. On n'a pas compté sur elle : elle n'a ni fait ni réprimé la révolution. Elle a contribué à poser une question vitale pour le Trône. Elle ne la résoudra sans doute pas.

En fait, la longue période militaire, à la veille de la révolution, s'est passée bien plus en pourparlers et armistices qu'en combats. La tactique du gouvernement eût dû être d'user la rébellion par temporisation, de la dissoudre par l'argent, sagement distribué, et finalement de réduire ce qui résistait ; mais l'État subissait une grave crise financière et le syndicat des quatre puissances : Allemagne, Angleterre, États-Unis, France, acharné à profiter de la situation, paralysa obstinément les essais d'emprunts que le gouvernement de Péking tentait en dehors de lui.

La révolte commença à peu de temps d'intervalle dans les capitales de trois grandes provinces, à Wout'chang au Houpé, à Tchangcha au Hounan, à Tayuen au Chansi ; dans le Honan à Kaifong, pas de vrais succès ; ailleurs, comme à Tsinan, au Chantong, les résultats restèrent douteux ; à Nankin la résistance fut longue. Au sud du Yangtse, comme au Seutchoan, les révolutionnaires se considéraient en terrain acquis ; et le gouvernement était trop occupé à résister dans le nord pour songer à reprendre directement sa puissance au Kouantong ou au Yunnan. L'attaque révolutionnaire, aussi bien que la résistance gouvernementale, se concentrèrent sur les trois capitales, Tchangcha, Wout'chang, Tayuen.

A Hankeo, sur la rive gauche du Yangtse, en face de Wout'chang, le 10 octobre, à 9 heures du soir, les Européens, qui habitent les différentes concessions, perçurent des coups de canon, ou des explosions de bombes qui semblaient venir de l'endroit occupé par le 8ᵉ régiment d'artillerie, sur l'autre rive. Les artilleurs tuaient un de leurs officiers et quatre brigadiers ; ces premières troupes insurrectionnelles allaient essayer de gagner les troupes régulières. A 9 heures et demie, n'ayant plus de munitions, ils tentèrent d'en aller chercher à l'arsenal : les gardes les repoussèrent. Les hommes du 15ᵉ régiment d'artillerie ré-

veillés se rendirent vite au champ de manœuvres ;
une partie se joignit aux révoltés ; on saccagea
les bâtiments ; le commandant, ayant prévenu le général en chef Tchangpiao et n'obte-
nant ni réponse ni secours, s'enfuit du camp
par une porte de derrière. D'autres en firent
autant. Les rebelles ainsi renforcés pénétrèrent
dans l'arsenal, mais y trouvèrent peu de munitions. Ils se portèrent alors sur le palais du
vice-roi où la cavalerie leur tint tête vigoureusement et, après un combat sanglant, ils se re-
tirèrent. Dans la nuit du 11, le 8e régiment
prit les armes et marcha sur les magasins, après
avoir massacré ses chefs qui essayaient de retenir les soldats. Le 15e régiment les seconda,
et ensemble ils s'emparèrent de toutes les
munitions. Alors les bâtiments officiels furent
attaqués et les autorités s'échappèrent comme
elles purent. Le 12, de la colline qui est au centre
de la ville, les rebelles bombardaient le Yamen
vice-royal et, petit à petit, le drapeau révolutionnaire flottait sur tous les bâtiments officiels. Ce même jour, le bureau de la Chambre
de Commerce d'Hankeo visitait le général révolutionnaire de Wout'chang et lui accordait
un prêt de plus de 600.000 francs (200.000 taëls)
contre promesse que les marchands ne seraient
pas inquiétés. L'arsenal de Hanyang était pris
dans la nuit du même jour et les rebelles s'y
emparaient de 140 canons, 500.000 charges et

d'une grande réserve de poudre. Aussitôt, la colline qui domine le pays fut fortifiée; on creusa des tranchées et mit les canons en place. La rébellion avait un chef, le général Li yuen hong, de l'argent, des munitions, une citadelle, 8.000 hommes, 15.000 fusils, 16 millions de cartouches. Les instaurateurs de la république avaient pris position.

A Tchangcha, dit le décret impérial du 29 octobre, des troupes de l'artillerie se sont mutinées le 22; elles ont été suivies par les hommes de la nouvelle armée active et de l'armée auxiliaire de police, ainsi que par une partie de la flottille fluviale; la ville a été prise; le général de brigade a été tué; le gouverneur s'est enfui. On le dégrade, mais ordre lui est donné de conserver provisoirement le sceau, et avec des troupes d'autres provinces de reprendre la ville aux émeutiers, sous menace d'un châtiment sévère.

A Tayuen les troupes de Chansi, au retour de l'exercice, se sont dirigées sur le Yamen du gouverneur; elles ont tué le vieillard chez lui avec une partie des siens et massacré, dit-on, 2.000 Mandchous; puis quelques-uns, gagnant la gare, ont sommé le personnel français de la ligne de mettre deux trains à leur disposition pour aller occuper les hauteurs qui dominent la passe de Faluling à la frontière de la province du Tcheli. Comme à Hanyang, les rebelles se sont assurés une position, pour conserver le gouvernement de la capitale régionale.

*
* *

A ces premières levées d'armes, assez proches de Péking pour qu'il s'émeuve, le Trône répondit lentement par l'envoi de troupes sur les lieux. Il s'en dispensait pour des provinces éloignées comme le Kouang-tong, le Yunnan, le Seutchoan et se contentait d'expédier un homme, avec des instructions pour recruter ses forces sur place. Mais, cette fois, Péking est menacé, il faut opposer soldats à soldats.

Pour ce qui est de Hankeou, le décret du 13 octobre dégrade le général en chef, Tchang-piao, qui n'a pas su maintenir la discipline à Wout'chang et lui ordonne de « ramener les troupes qui n'ont suivi les émeutiers qu'à contre-cœur ». Il ajoute que le ministre de la Guerre, Yintchang, part avec un fort contingent de réguliers pour une action rapide et énergique. Les 58° et 59° régiments d'infanterie de la 15° division sont lancés en avant pour conquérir le terrain perdu ; et en même temps, dès le 14, un décret impérial rappelle enfin de la retraite le grand homme d'État qui a formé les premières troupes modernes, Yuan-chekai. On pense qu'il a des hommes dévoués parmi les officiers, et que les troupes ne l'abandonneront

pas. On le nomme vice-roi de Wout'chang :
on compte sur son autorité de chef et sur le
loyalisme de ses subordonnés ; mais tout traîne
en longueur : Yuan le sauveur, en tout cas
l'homme de confiance, temporise dix-sept jours
et ne se rend enfin au Houpé que le 31 octobre.
Le ministre de la Guerre le visite le 16 à son passage à Tchangte. Yuan n'est pas prêt ; il ne
semble surtout pas prêt à partager le commandement ; il veut être seul contre la rébellion,
maître absolu, comme s'il s'agissait d'une œuvre
personnelle. Le 27, un décret le nomme — lui,
vice-roi désigné, qui n'a pas encore rejoint son
poste de combat et de confiance — envoyé spécial, et le place à la tête de toutes les forces de
terre et de mer : l'état-major ainsi que le ministre de la Guerre sont déchargés de la direction des opérations militaires au Houpé. Des
nominations de généraux à la 1re et à la 2e armée
et celles de beaucoup d'officiers supérieurs sont
faites par les ordres de Yuan. Yint'chang est rap-
pelé à Péking. L'armée est désorganisée, toute
à la discrétion de Yuan, à qui on prête l'idée non
de lutter, mais de persuader aux révolutionnaires de renoncer à une guerre fratricide. Il
n'a pas bougé lors des événements du 27 au
28 à Hankeo ; on dirait qu'il ne veut aller là-
bas comme chef suprême qu'avec l'idée de revenir bientôt à la capitale : il part en effet le
31, après les grands décrets du 30, où la Cour

fait une confession publique de ses errements ;
mais le lendemain 1er novembre, il est nommé
président du Conseil ; il peut former un cabinet dont les princes ne pourront plus être
membres. Parti pour prendre la tête des troupes
au Houpé, on le rappelle pour diriger la politique et l'administration de la capitale et on le
dit prêt alors à accepter les revendications des
militaires. Voilà donc le chef des armées gouvernementales : c'est un vieux politicien retors.

Sous ses ordres on n'est guère plus guerrier ;
les adversaires en présence ne s'attaquent pas.
Les forces révolutionnaires sont au kilomètre 12
sur la ligne Hankeo-Péking ; les gouvernementaux attendent des renforts au kilomètre 30.
On parlemente, on discute : ce ne sont que
luttes oratoires. Des communications s'établis-
sent entre l'état-major et les rebelles ; ceux-ci
demandent à celui-là la neutralité, voire la défection. Il y a d'ailleurs de l'indécision de leur
côté, au moins de la part des troupes du Hounan qui arrivent, et beaucoup de défiance à
l'égard les uns des autres parmi les officiers
impérialistes. L'amiral Sah, après avoir attaqué
Wout'chang le 18, entre en pourparlers avec
les révolutionnaires et leur apporte l'appoint
tout au moins de sa neutralité. Pourtant, à la fin
du mois, pour la reprise de Hankeo par les réguliers, il y eut de chaudes journées militaires où
mille soldats périrent, et plus du double furent

blessés sur 15 à 20.000 engagés. Dans cette lutte meurtrière, la résistance, aussi opiniâtre que l'attaque, fut bien menée. Les maisons européennes, et en particulier la police française, reçurent des balles ; ce furent surtout les batteries impérialistes qui assurèrent le succès des assaillants. La cité chinoise brûla pendant plusieurs jours, dévastée sur une surface longue de deux kilomètres, large de un. Malgré ce succès, le gouvernement de Péking ne parle pas en vainqueur : le 30, par décret, l'Empereur fait « aux troupes et au peuple le serment solennel d'introduire en Chine le système constitutionnel, selon l'opinion publique ; et le pardon est accordé aux troupes qui ont participé aux émeutes. L'empereur espère racheter ses fautes à l'avenir en agissant d'accord avec les troupes et le peuple pour assurer la prospérité du pays, en profitant de la leçon des troubles actuels pour rendre stable la situation, ramener la tranquillité et affermir la dynastie. » Un cabinet responsable est accordé, dont ne feront pas partie les membres de la famille impériale. C'était le commencement de la débâcle pour le gouvernement impérial ; l'opposition pouvait reprendre confiance et exiger des concessions de plus en plus importantes ; le Trône avait accepté l'idée d'un compromis avec l'adversaire sans en déterminer les limites, ni préciser sa propre volonté ; il devait être submergé par les exigences croissantes.

Les rebelles ne désarmèrent pas. Dans la séance secrète que tint l'Assemblée consultative à Péking le 1er novembre, il est déclaré que la révolte n'est pas antidynastique, qu'elle exige seulement un régime parlementaire; et du moment que la cour l'accepte, les délégués invitent le Trône à réduire la rébellion non par les armes, mais par la persuasion. L'Assemblée, favorable à une monarchie limitée, se trompait sur les intentions, pourtant nettement manifestées, des rebelles de Wout'chang; mais cela prouve du moins combien, tout autour de la Cour, on répugnait à l'emploi de la violence dans la répression de ce qu'on estimait n'être pas une révolution radicale. Les décrets du 2 novembre ordonnent à Yuan de revenir au plus vite, et approuvent les demandes de la 20ᵉ division : la dignité de la famille impériale est maintenue, mais la participation du peuple au gouvernement, par l'intermédiaire d'un Parlement, est reconnue; c'est lui qui doit établir les lois fondamentales du régime, tel qu'il a été transformé par *les 19 articles de confiance* lus à la séance de l'Assemblée du 2 novembre. Le décret du 3 dit que ces articles, dont la substance a été proposée par les officiers de Moukden et de Lantcheo, seront jurés sur l'autel des ancêtres de la famille impériale au Taïmiao; et le décret du 4 proclame que « c'est une grande douleur pour le gouvernement de devoir recou-

rir à la force armée, et qu'on n'y recourra plus ;
on espère qu'on finira par s'entendre avec douceur, comme la glace fond et comme l'eau
coule ». On réprouve les massacres de barbares
qui compromettent la tranquillité. Après les
événements sanglants de Hankeo, Yuan propose un armistice aux rebelles. Le 6 novembre,
le général Tchang-tchaotsen — l'initiateur des
12 articles, proposés par les soldats du nord,
d'où sont sortis les 19 articles constitutionnels
— est nommé pacificateur sur le Yangtse, et
chargé de persuader les rebelles. Même à cette
époque de résistance, l'élément militaire ne
prime nulle part que sous forme politique. Or,
voici que, parmi les révolutionnaires, un gouvernement républicain petit à petit s'organise,
et Changhaï étant passée sous le contrôle révolutionnaire au début du mois, le 10 novembre
Outingfang y est chargé des Affaires étrangères ; Yuan, d'ailleurs, est de retour à Péking
le 13.

L'esprit de discussion continue de l'emporter
sur l'esprit de violence. Le 14, douze pacificateurs, pris parmi les gens de province les plus
influents, sont désignés par le Trône pour aller
expliquer, chacun dans leur pays, les intentions
du gouvernement central. Une union d'assistance mutuelle pour établir une nouvelle forme
de gouvernement s'est formée, et l'on en discute les principes à la séance de l'Assemblée,

le 20 : arrêter la lutte armée ; organiser un
plébiscite dont le résultat fera loi, qu'il soit
favorable à la république ou à la monarchie
limitée. On est alors nettement antimilitaire, et
ces modérés demandent un décret interdisant
catégoriquement de poursuivre les opérations,
car cette lutte « est une boucherie et ruine le
pays ». Le 26 novembre, le prince régent prête
le serment constitutionnel. D'autre part, le
14 novembre, le général Liyuenhong avertit les
consuls de Hankeo que les commandants des
troupes républicaines dans les provinces auto-
nomes l'ont élu chef du gouvernement républicain, dont la résidence est à Wout'chang. Le
général est une sorte de président des républi-
ques fédérées. Toutefois l'unité n'est pas encore
parfaite, car vers le même temps le commandant des troupes républicaines de Changhaï
avertit les commandants des mêmes troupes
dans les provinces d'envoyer un délégué par
province à Changhaï, pour organiser un gouvernement central. Au cours de novembre, on
s'occupe plus de s'entendre que de se battre,
mais, comme les rebelles exigent l'abdication
de la dynastie, les négociations n'aboutissent
pas. L'idée prédominante semble être partout
celle qu'on discute à l'Assemblée dans l'importante séance du 20 novembre : il faut, pour faciliter un arbitrage, que les deux partis suspen-
dent les hostilités, afin de permettre un réfé-

rendum. Cela ne les empêcherait pas de se préparer en vue de la continuation de la lutte. Si
un des partis ne voulait pas admettre la sen-
tence, il continuerait la guerre, et l'arbitrage
demeurerait sans effet.

*
* *

On en était là à la fin de novembre, après
avoir ferraillé tout le mois, au hasard et sans
grand élan, quand, sur trois points, des événements militaires importants semblèrent devoir
être décisifs.

Hanyang au Houpé fut repris le 28 novembre
par les impérialistes; Wout'chang fut déser-
tée, tandis que le désarroi était au camp des
rebelles; Hoangsing, le second de Liyuanhong,
après cette défaite, partit précipitamment pour
intriguer à Changhaï. Il y avait des rivalités
dans le commandement des troupes rebelles.
Li avait attaqué, malgré les efforts des émissaires laissés par Yuan pour mener à bien des
pourparlers pacifiques ; et, grâce surtout à
l'artillerie impérialiste et à l'élan entraînant du
général Wang, peut-être aussi à cause de la
défection des rebelles hounanais et de la mutinerie de 5.000 recrues du Houpé, les impérialistes non seulement repoussaient l'assaut, mais
reprenaient les positions dominantes de la
place. Le 29, les révolutionnaires eux-mêmes

demandaient un armistice de trois jours pour consulter les délégués des provinces sur le maintien de la dynastie. Les signatures seraient données en présence du consul anglais de Hankeo qui servirait d'intermédiaire. La démission du régent, le 6 décembre, l'assassinat du vainqueur d'Hanyang, le 8, le rappel à Péking du général baron Fong a qui les rebelles reprochaient violemment les atrocités d'Hankeo, tout contribua à prolonger l'armistice de trois jours encore, puis de douze, puis de huit, puis de quinze et encore de quinze, c'est-à-dire, vraisemblablement, jusqu'à entente. Au début de décembre, l'action était de nouveau presque exclusivement diplomatique : les militaires n'avaient fait qu'une courte apparition.

La reprise d'Hanyang avait été un événement décisif, mais non le seul. Après un siège de vingt-trois jours les rebelles étaient entrés le 2 décembre à Nanking, dont ils voulaient faire leur capitale. Les troupes qui avaient attaqué et pris la ville sous les ordres du général Suchaotcheng comprenaient la 9e division de Nanking, soit 8.000 hommes, la 23e brigade mixte de Sutcheo, environ 2.500 hommes, une partie de la 21e division du Tchekiang, environ 6.000 hommes, et des fractions indéterminées des 27e et 31e brigades du Kiangsi et du Nganhoei, au total environ 18.000 hommes. Le général Tchangsiun pouvait leur opposer un peu

plus de 10.000 hommes, à savoir 2.300 hommes
de troupes fluviales de Kiangying, 5.400 de
troupes fluviales de Poukeo, la garde du vice-
roi (300 hommes), 2 bataillons mandchous
(800 hommes), et 4 bataillons de recrues
(1.600 hommes). Ce qu'il y avait de troupes
modernes à Nanking avait passé à la révolution. Le général Tchangsiun se retira au nord,
après la fuite du vice-roi, à cause de l'infériorité
de ses forces. A peine deux compagnies du
Kiangsou, du consentement ou non de leurs
chefs, se livrèrent-elles au pillage en entrant
dans la ville. Les révolutionnaires soulagèrent
humanitairement la misère qui était grande
après le siège, et leur gouvernement remit provisoirement une somme de près de 2.500 francs
à la mission des Jésuites qui accueillait les
vieillards et les enfants sans secours, dont beaucoup pourtant étaient mandchous. Les assiégés
avaient perdu 700 soldats, les assiégeants 3.000.
Ceux-ci, victorieux, prirent le contrôle de la
partie sud du chemin de fer Tientsin-Poukeo et
coupèrent le télégraphe avant de marcher vers
le Chantong, à la frontière duquel les attendait
Tchangsiun.

Aussi l'armistice demandé ne fut-il accordé
et prolongé qu'à la condition, dit Yuan, qu'il
s'étendît sur tous les points à la fois, aussi bien
à Nanking où les révolutionnaires venaient
d'entrer, qu'au Houpé et au Chansi; et un dé-

cret impérial du 4 décembre parle de « l'importance qu'ont acquise les affaires militaires actuelles » et fait des nominations d'officiers. On cherche un terrain d'entente, mais on ne dépose pas complètement les armes sur les champs de bataille. Les meneurs de Changhaï menacent avec emphase d'attaquer Péking par terre et par mer. De son côté, Yuan, avec moins de jactance il est vrai, prétendait lancer à d'autres assauts une armée qu'il avait réorganisée en recomposant les cadres, en la réapprovisionnant de vivres, de munitions et en nommant du personnel chinois aux places des Mandchous. Mais des deux côtés on manquait d'argent, et la sagesse imposait de garder sans plus les positions acquises : un gouvernement était à l'agonie, l'autre vagissait, tous deux également provisoires et sans forces. Les officiers parlaient, mais ne se battaient plus.

Le troisième champ de bataille, celui du Chansi, fut le théâtre d'événements moins retentissants, mais de non moindre portée à cause de la proximité de la capitale. Le fait décisif fut le meurtre du général Ouloutchen dans la nuit du 6 novembre. Le gouvernement l'avait envoyé, avec des troupes de Paoting, pour réduire la rébellion du Chansi; mais il fut bientôt avéré que, d'accord avec les rebelles et les troupes du nord, de Péking, de Moukden et de Lantcheo, peut-être aussi avec les révolu-

tionnaires du sud, il complotait un coup de
main sur la capitale. Le gouvernement fit tuer
ce traître, premier martyr de la révolution
militante, mais non encore triomphante; il
venait d'être nommé gouverneur du Chansi; sa
tête fut portée au ministre de la Guerre. Les
deux partis se tinrent à peu près sur leurs
positions après ce drame, jusqu'au début
de décembre. Les généraux révolutionnaires
avaient 3.000 hommes et une bonne artillerie
qui leur permettait de tenir tête à la 3ᵉ division,
aux 6.000 hommes du général Tsao chargé de
les attaquer le 10 décembre. Au combat de
Tsinghinghsien les deux batteries d'artillerie
de montagne de 75 millimètres appuyèrent
mieux les impérialistes que celle de 57 millimètres ne servit les rebelles, et ceux-ci se
replièrent. Le 12, Yangtzekoan fut attaqué, et
pris aussi facilement : les rebelles abandonnè-
rent canons, fusils et beaucoup de munitions,
même leur trésor. Le général Tsao ne put
poursuivre sa victoire : Yuan faisant savoir avec
insistance que les impériaux devaient cesser
les hostilités, à cause de l'armistice. Les combats n'avaient pas été meurtriers, quelques
dizaines de morts et à peine une centaine de
blessés en tout, mais les impérialistes ne profi-
taient pas de leur triomphe : on négociait. Les
rebelles s'étaient dispersés au nord et au sud
et devenaient les pillards qui terrorisaient le

Chansi et la Mongolie voisine. L'armée ne donna plus.

Pendant toute la période de négociations, l'avantage militaire fut toujours aux révolutionnaires. Ils violèrent régulièrement les armistices dont ils usèrent pour déloger l'ennemi des places acquises, qu'ils occupaient sans pudeur aussitôt. Ce leur fut un moyen de s'organiser, de s'avancer, de se renforcer et de prendre une avance qu'ils n'auraient pas conquise sans difficultés. Une des conditions que Yuan avait posées à la Cour pour accepter de la servir était qu'on usât de douceur et de persuasion vis-à-vis des révolutionnaires. Il les favorisa tellement que beaucoup de spectateurs désintéressés l'accusèrent de trahison ; mais il mena les négociations avec un tel sang-froid, une telle maîtrise, et en imposant au Trône, peu à peu, sa volonté bien arrêtée, avec tant d'autorité, que la mauvaise impression ne dura guère et qu'on reconnut bien vite en lui le grand homme d'État qui, d'accord avec le prince King, épargnait au pays et aux étrangers de très gros désordres. Quelques petites critiques peuvent lui être faites par les militaires ; mais il n'en a pas moins conduit et dominé de très haut les événements, en limitant le rôle de l'armée. Il n'a jamais sacrifié au dieu des combats.

*
* *

Si les sages qui, jusqu'ici, ont modéré si
heureusement le cours de la révolution, dé-
faillaient, si l'attente étant vaine, l'assaut de
vive force devenait inévitable, dans quelle situation se retrouveraient les deux partis à la
reprise des hostilités ? Quelle est la valeur des
armées en présence ? Les forces impériales
comprennent : le gros des troupes qui est au
nord de Hankeo, une trentaine de mille hommes
avec les territoriaux ; la 3e division qui est au
Chansi, mais dont la plupart des officiers ont
des relations secrètes avec les révolutionnaires,
à l'imitation de leur chef décapité Ouloutchen ;
au nord du Tcheli la 20e division, où les discussions sont fréquentes entre les soldats, pour
les deux tiers mandchous ; les quatre bataillons
du Chansi commandés par Kiangkoeiti, braves
sans doute, mais avec un vieil armement ;
la garde de Péking, plus de 10.000 hommes,
où les Mandchous tiennent la plus grande
place. Le Nord a donc, outre la garde, les
cinq divisions de l'armée de Péking, 1re, 2e,
4e, 5e et 6e, les trois divisions de Mandchous,
3e, 20e, 23e, les deux brigades mixtes de Moukden et du Hounan, et la division vieux système
de Kiangkoeiti, le *Yikiun*. Le Sud dispose de
quatre divisions, la 7e du Houpé, la 9e du Hounan, la 21e du Tchekiang, la 10e du Foukien ;

des brigades mixtes du Houpé, Hounan, Kiangsi, Nganhoei, Kiangsou, Chansi ; enfin, à part et hors de la lutte présente, la 17ᵉ division du Seutchoan et la 19ᵉ du Yunnan, ainsi que les détachements du Koangtong et du Koangsi.

Il est certain que l'armée impérialiste est très supérieure, comme armement, approvisionnement et organisation, à ce qui pourrait lui être opposé à nombre égal. Au Houpé, c'est une armée de confiance qui a fait ses preuves ; elle a été victorieuse. Les troupes impérialistes du Nganhoei commandées par le général Tchangsiun ont battu en retraite après Nanking, parce que, moins bien groupées sous la main de leur chef, elles n'ont pas été servies, comme celles de Hankeo, par une stratégie européenne ; c'est que le chemin de fer Tientsin-Poukeo, au moins dans les débuts, n'était en rien comparable à celui de Hankeo-Péking. Le parti du gouvernement enfin possède des canons Schneider et Krupp, des obusiers et surtout des mitrailleuses qui assurent son succès.

L'armée révolutionnaire a eu le gros avantage d'avoir la flotte pour elle. A condition de l'alimenter de charbon et de munitions, elle peut aujourd'hui l'utiliser pour le transport dans le nord, au Chantong et au Tcheli, des troupes cantonaises. L'armement de cette armée est

disparate, en grande partie de fabrication chinoise, inférieure ; les recrues hâtivement ins-
truites et menées au feu par entraînement et
par intérêt, sans discipline, ne sont pas de
bons soldats, si braves soient-ils. Les opérations de concentration, évacuation, ravitaille-
ment, sont lentes, mais elles ont bénéficié de
la série des armistices. Chacun des deux partis
a trois arsenaux qui se contre-balancent, ceux
du Nord étant peut-être supérieurs ; en tout cas,
le gouvernement peut acheter directement au
Japon et en Allemagne, tandis que les républicains n'achètent qu'en cachette, comme contre-
bande, très cher naturellement et de médiocre
qualité.

Pour le moral des troupes, la question est
complexe. Il est hors de doute que ce sont les
désertions du contingent révolutionnaire hounanais qui ont facilité la reprise de Hanyang.
Le climat sec du Nord convient mal aux gens
du Sud. D'une part, à la tête des hommes du
Nord, l'autorité de Yuan et d'un état-major
éduqué, sinon de grande valeur technique,
l'obéissance et la fidélité de la plupart des officiers supérieurs qu'il a nommés ; d'autre part,
à la tête des hommes du Sud, un état-major
improvisé, souvent remanié depuis le début
des opérations, avec des dissensions intestines
qui vont jusqu'à la décapitation d'officiers supérieurs : tout cela n'est pas à l'avantage des

révolutionnaires qui eurent d'abord les sympathies du public, mais qui les perdirent vite,
dès que commencèrent les exactions inévita-
bles, par manque de discipline. Les révolutionnaires ne pourront compter, comme ils
font depuis le début, sur des complicités,
des trahisons, des défections, des assassinats
parmi les gouvernementaux que dans le cas où
s'affaiblirait la confiance en Yuan, défenseur
et protecteur de la dynastie, et si on le croyait
l'introducteur de la république et le soutien
secret du gouvernement provisoire. Il faudrait
que le chef manquât à la tête des troupes
du Nord pour que les formations neuves de la
république pussent espérer quelque avantage.
Yuan très manifestement a eu la force à sa
disposition, et il l'aura de plus en plus ; il
pouvait écraser la rébellion ; mais elle était
partout naissante ou renaissante, et tant de
sang à verser répugnait à l'homme d'État qui
ne fut qu'occasionnellement un militaire, aux
heures opportunes. Ses officiers, instruits aux
écoles qu'il forma à Tientsin et à Paotingfou,
eussent pu, s'il l'avait voulu, faire l'œuvre de
répression violente qu'on attendait au début.
A-t-il manqué d'argent, a-t-il reculé devant le
spectacle écœurant d'une guerre civile à ou-
trance ; ou n'a-t-il pas accordé plus de valeur
aux paroles qu'aux actes, aux décisions des
conseils qu'à celles des armes ? N'était-il pas

retenu par ses sympathies réelles pour les nouveautés et le désir de les diriger sans les empêcher absolument ? Il est certain qu'il a laissé
les adversaires au cours des armistices prendre
des avantages dangereux. Les rebelles, très
ouvertement, préparaient la guerre quand des
deux côtés on prétendait vouloir la paix, à laquelle très sincèrement Yuan donnait tous ses
efforts.

Quel qu'ait été le rôle de l'armée aux premiers
jours de la révolution, ce sont les assemblées
qui furent décisives : assemblée consultative
de Péking, conseil de cabinet, conseil de cour,
comités privés, conseils militaires d'officiers
politiciens, conseils provisoires du gouvernement républicain, conférence de la paix tenue
à Changhaï entre Tangchaoyi, délégué de
Yuan, et Outingfang, délégué du parti républicain ; autant d'organes où s'est véritablement élaborée, précisée et peut-être réalisée
l'idée de la révolution chinoise, à mesure qu'on
y discutait la convocation de l'Assemblée nationale, réellement représentative du pays et
non d'une minorité turbulente, jeune, et sans
expérience. Quelques soldats ont suscité la
révolution ; l'abstention de l'armée en a assuré
le succès. Les assemblées n'ont point montré
qu'elle pût organiser un régime supérieur à
l'ancien.

V

LES NÉGOCIATEURS

Janvier 1912.

Si un pays veut établir la république, il ne peut manquer de faire une place aux Assemblées ; mais s'il n'a pas l'habitude de ce rouage, les personnalités se dégagent vite de la masse ; c'est ce qui arriva en Chine.

Le coup de force militaire, bien que tenté sur plusieurs points, n'avait pas réussi à jeter par terre d'un coup le vieux régime monarchiste, comme l'espéraient les révolutionnaires qui avaient gagné et entraîné l'armée contre le gouvernement ; aussi les novateurs chinois, pour en finir avec ce qu'ils avaient ainsi ébranlé, comptèrent sur une autre force collective, celle des Assemblées dont la violence emporterait à la longue ce qui résistait aux soldats. La rébel-

lion manque son coup de force. Le Trône ne
trouve point d'homme pour exercer une répression immédiate ; faute d'hommes et d'argent il doit renoncer à un triomphe décisif. Il
subit le choc des assemblées, mais voilà qu'il
ne s'écroule pas encore tout d'une pièce. Le
régent démissionne, puis les princes se reti-
rent des affaires ; mais, malgré son intransigeance, la rébellion n'obtient pas l'abdication
du jeune empereur. Alors le terrain est aux
hommes isolés, aux têtes pensantes qui, d'un
mouvement réfléchi, mènent ou suivent les
événements. Il reste en présence des unités :
d'une part l'impératrice et les princes, surtout
le prince K'ing, avec Yuan comme serviteur
plus ou moins opportuniste, protecteur chinois
plus ou moins provisoire du souverain mandchou, et les chefs de bureaux ou de ministères,
fidèles à leurs services, sinon à leur empereur ;
d'autre part des chefs militaires, émeutiers
ou gens d'ordre, comme Li yuanhong, Hoangsing, Outingfang et, par-dessus tous, Sunwen,
le Cantonais Sunyatsen, l'âme errante du parti
révolutionnaire qui est venue prendre corps
parmi les siens.

En deux ou trois mois, des deux côtés, on est
passé de la force à la réflexion ; c'est maintenant de la discussion pied à pied, entre des
individualités, que peut sortir la révolution
chinoise, c'est-à-dire la retraite de la dynastie

étrangère et l'essai d'une sorte de régime républicain. Après convocation d'une assemblée
nationale aussitôt que possible, dans quelques
mois, la république succédera au double gouvernement provisoire intérimaire, au Nord en
place de l'empereur, au Sud en place de la
rébellion, à l'unique gouvernement provisoire
de demain si Yuan et Sun, les deux chefs, s'entendent à constituer une sorte de ministère
temporaire qui expédie les affaires courantes.
Les assemblées se sont peu à peu réduites en
conseils et ceux-ci ont fini par n'être plus que
l'appui de deux personnalités aux mains de qui
sont les affaires publiques, l'un Yuan investi par
l'empereur, l'autre Sun désigné par les forces
levées du pays. En même temps que le nombre
des éléments en présence, leur violence a diminué. L'autorité de la pensée chez ce peuple de
tradition a remplacé ouvertement celle de la
situation. C'est de par la puissance de leur in-
telligence que deux hommes décident des destinées de l'Empire. La Chine n'est plus gouvernée au nom de la force plus ou moins
opportuniste, mais au nom de la raison, plus
ou moins opportuniste elle aussi.

Dans ce pays qui commence à peine à se mo-
derniser, selon nos manières, un règne avoué
de la raison peut-il s'établir plus qu'au temps
où Confucius échouait à l'installer ? Une constitution théorique et logique, selon les principes

étrangers, peut-elle se superposer, sinon se substituer au passé ? C'est ce que les hommes nouveaux ont à proposer à l'application du personnel traditionnel très limité qui s'occupe des affaires d'État. La révolution chinoise qui commence a un théâtre très restreint et des acteurs en petit nombre, qui constituent eux-mêmes quasi tout le public intéressé. La foule qui ailleurs amplifie et dénature le débat entre comparses n'est pas ici de l'action.

*
* *

Les premiers qui entrèrent en scène furent les délégués de l'Assemblée consultative, appelée à tort parfois Sénat ou Cour suprême du contrôle administratif et politique, les membres du *Tseu-tcheng-yuan*. On les avait déjà vus un an auparavant, pendant les trois mois de leur première session orageuse d'octobre 1910 à janvier 1911 ; on en gardait une impression d'assaillants intraitables. Ils revinrent en octobre 1911 un peu moins nombreux, assagis ; mais on ne fut pas surpris de leur manifestation de rentrée, quand on les vit, dès les premières séances, faire tomber honteusement un des hommes les plus considérables par sa richesse, sa situation, son crédit près des étrangers : le ministre des Voies et Communications, Cheng, dont la politique de centralisation,

dans la question des chemins de fer nationaux
ou régionaux, avait provoqué les troubles du
Seutchoan. Cet événement était d'autant plus
important que les délégués n'ont qu'un pouvoir
consultatif; ils prirent leur puissance politique
de ce que, dès les premiers jours, les rapports
issus de leurs séances furent approuvés tels
quels par le Trône et transformés en décrets
impériaux sans modification : les adversaires
irréductibles du gouvernement, un an plus tôt,
en devenaient les conseillers les plus écoutés.
Leurs mandants flairèrent un piège. Petits employés de ministère et grands mandarins intrigants de la capitale, professeurs et étudiants en
province, tout ce qui tient le pinceau ou gouverne en Chine s'était agité autour d'eux et en
attendait la réalisation des plus chimériques
désirs. C'étaient pour une moitié des représentants du suffrage populaire au troisième
degré, et, pour l'autre moitié, des hommes désignés directement par le Trône : princes, nobles,
chinois, mandchous ou mongols, fonctionnaires,
lettrés, ou riches à qui le commerce ou l'industrie donnait une grosse situation dans le pays.
Leur obstination, entretenue par l'exaltation
d'étudiants un peu intempérants, avait obtenu
la convocation de la véritable assemblée nationale pour le printemps 1913. Tout ce qu'il
y a de remuant dans le pays avait les yeux
fixés sur cette mêlée d'ambitieux circonspects

et de convaincus généreux ou méthodiques,
quand on s'avisa que, par suite de modifications
apportées au règlement intérieur, ils n'apparaissaient plus comme un instrument d'opposition, mais simplement comme l'organe d'un
gouvernement réformiste. Cent quatre-vingt-
dix sur deux cents assistaient à la séance d'ouverture le 22 octobre ; ils écoutaient debout la
lecture du décret impérial leur recommandant
l'attachement au Trône et le patriotisme, et leur
demandant toute leur attention pour l'établissement d'un régime constitutionnel. L'Empereur
déclarait que l'inquiétude était grande dans le
pays, et en effet la capitale du Houpé était déjà
aux mains des rebelles, depuis dix jours. Mais,
bien qu'ils aient condamné avec sévérité le 25 octobre l'administration provinciale ou la cruauté
des vice-rois du Houpé et du Seutchouan ;
quoi qu'ils aient dit en vue de rétablir l'ordre
et la tranquillité, comme s'ils se sentaient déjà
débordés par les événements ; bien qu'ils aient
enlevé par le décret du 30 la formation d'un
cabinet responsable dont ne feraient pas partie
les membres de la famille impériale ; quoiqu'ils
aient forcé le prince K'ing, pivot de la politique
impériale, qui assistait à la séance du 31 octobre, à donner sa démission de président du
Conseil ; quoique cette charge ait été confiée
le lendemain même à Yuan ; malgré tout, ils
n'étaient déjà plus que la moitié des membres,

une centaine, à siéger huit jours après l'ouverture; les autres regagnaient leurs provinces et leur rôle d'intermédiaire entre la Cour et la rébellion devenait impossible. Le gouvernement ne gouvernait plus, mais l'Assemblée consultative qui en obtenait décrets, confessions, promesses et serments ne pouvait pourtant le réconcilier avec ceux qui s'étaient soulevés. Les provinces envoyaient des télégrammes de menace et de désaveu aux représentants qui continuaient de siéger. On n'accordait aucun crédit à la Cour, dont l'Assemblée obtenait tant et de si grandes, mais si tardives concessions. Tous les moyens étaient employés par les révolutionnaires : faux télégrammes, rumeurs ingénieusement répandues, exploitation de prétendus massacres accomplis par les soldats impérialistes, où l'on ne voulait pas voir de traditionnels actes de guerre, tout était mis en œuvre pour attirer la défiance et la haine sur la Cour et ses collaborateurs de l'Assemblée. Celle-ci avait à peine eu le temps d'attaquer le Trône et d'en obtenir tout ce qu'elle demandait, déjà les révolutionnaires s'indignaient et prétendaient que c'étaient de mauvaises et suprêmes ruses. Les exaltés du Sud annihilaient les efforts des délégués qui n'étaient pas retournés dans leurs provinces. Les personnages de l'Assemblée, violents de la veille, modérateurs de l'heure présente, n'étaient pas attachés par un loyalisme indéfectible à la dynastie mandchoue, ni résolus à travailler pour elle uniquement, mais ils sentaient chez les hommes du Sud une impuissance certaine à rien construire de durable, de solide et d'immédiat ; et quelle que fut leur rancune contre les vices du gouvernement précédent, ils voulaient éviter la débâcle. Dès ce moment, ils étaient dépassés. D'autres assemblées plus pressées se tenaient ailleurs.

Il y avait des assemblées militaires. Le 1er novembre étaient arrivés à Péking 200 cavaliers avec un officier, venus de Langtcheo, garnison au nord-est de Péking. Le gouvernement avait songé à leur interdire l'accès de la capitale ; mais le régent et le prince K'ing, qui faisait encore fonction de chef du cabinet, acceptèrent de les entendre. Ils apportaient, de la part de la 20e division de Moukden et de la 3e de Tchangchun, une revendication en douze points sur les conditions que doit remplir le gouvernement constitutionnel. Leur pétition envoyée à l'Assemblée y avait déjà été discutée en séance secrète la veille. Elle n'était pas antidynastique, elle posait les principes d'une monarchie limitée ; elle exigeait que l'Empereur, maintenu chef suprême de l'armée et de la flotte, ne pût, sans le consentement du Parlement, bientôt convoqué, employer la force militaire contre la population à l'intérieur ; elle demandait que le président du Conseil fût nommé par le Parlement, et que le service militaire n'empêchât pas de prendre part à l'élaboration des lois fondamentales constitutionnelles, de la loi électorale par exemple, ainsi qu'au règlement des questions d'État importantes. Dans la séance du même jour, 1er novembre, à laquelle le prince K'ing assistait, l'Assemblée avait approuvé tout cela et le 2 novembre elle votait les *dix-neuf articles de confiance* qui sont les principes des lois constitutionnelles d'après le système anglais. Le choc de l'Assemblée militaire ne ruinait donc pas la dynastie, puisque celle-ci accordait d'elle-même, sur la demande de l'Assemblée, ce que le général requérait, et dont le refus vraisemblablement lui eût fourni le prétexte à marcher sur le gouvernement de Péking. L'attaque était parée.

Jusque-là l'assaut contre le gouvernement n'ébranlait pas la dynastie. On la maintenait, au contraire, sous un régime constitutionnel, et la Cour s'en tenait au décret du 19 octobre où elle invitait les hauts fonctionnaires à « publier partout des appels rassurants, en persuadant aux troupes et à la population de ne pas prendre part aux troubles et de ne pas s'associer aux émeutiers criminels, fauteurs de désordres, et en promettant le pardon à tous ceux qui se sont laissé entraîner, mais se repentent ». Cependant les révoltés du Sud annonçaient qu'ils ne déposeraient les armes qu'après l'établissement de la république, et ils étaient intransigeants.

Un comité politique se constitua, composé de républicains et de monarchistes, aussi irréductibles les uns que les autres. Son but était d'obtenir des deux partis que la nation entière fût consultée par referendum sur la forme de gouvernement qui convient le mieux : république ou monarchie limitée. Par décret impérial du 5 novembre, sur la demande de l'Assemblée consultative, non seulement l'amnistie a été prononcée en faveur des délinquants politiques, aujourd'hui révolutionnaires, mais ils sont autorisés à former un parti politique ; les chefs de ce parti doivent, comme la Cour, donner un assentiment préalable et formel à la décision nationale quand elle sera manifestée. L' « Union d'assistance mutuelle pour l'établissement d'un gouvernement en Chine », dont le siège était à Tientsin, précisait nettement l'opposition entre le parti constitutionnel monarchiste, partisan de l'unité et de l'indépendance de la Chine, et le parti républicain, pour qui, entre la masse de la nation et le Trône, il y a une telle méfiance et inimitié que la constitution ne peut jamais être solidement établie si la dynastie mandchoue continue de régner. C'est à la nation de décider pour éviter les graves conséquences d'une lutte fratricide entre les deux partis. Le programme de la société fut exposé à l'Assemblée le 20 novembre et on demanda que, pour permettre l'arbitrage, les deux partis commençassent par suspendre les hostilités.

La séance fut importante, orageuse et émouvante. Les promoteurs expliquèrent que le seul but de la Société était de mettre fin aux troubles; que, même si le gouvernement triomphait dans le Houpé, il ne pourrait être vainqueur contre toutes les provinces déjà indépendantes, qu'en tout cas il faudrait des années de luttes et de maux, et que l'arbitrage mettrait fin à ces malheurs. Un maréchal tartare protesta qu'il n'y avait pas à parler de république, du moment que la Cour avait déjà octroyé un régime constitutionnel et que serment était prêté aux 19 articles de confiance : c'est aux révoltés, dit-il, à désarmer. On demanda que le président du Conseil, Yuan, vînt s'expliquer sur ses intentions, et il fut dit que tous les membres de l'Assemblée se retireraient, et provoqueraient la dissolution s'il entendait réprimer la révolte par les armes. Cette séance montrait clairement que la Société n'admettait pas que la dynastie défendît sa situation par la violence.

Le Trône, ainsi attaqué ou mal soutenu dans les assemblées, même par des hommes de raison, ne compte plus que sur Yuan. Celui-ci, protecteur ou dictateur, est maître absolu. Il a constitué son ministère de ses hommes liges; il ne rend pas de compte à la Cour; il n'est pas responsable non plus devant l'Assemblée qui

lui fait demander timidement, et vainement,
d'assister aux séances. C'est en lui que se con-
centrent les pouvoirs. Il est le maître unique à
Péking et c'est lui qui peut discuter avec les
révolutionnaires. Il a pris la place des assemblées et il parle au nom du Trône.

Dans le camp opposé, quoique l'effort militaire
n'ait pas été considérable en novembre, on ne
s'est pas encore organisé. On parle bien d'un
gouvernement central républicain, mais le siège
en est placé tantôt à Wout'chang, tantôt à Nanking, tantôt à Changhaï, où un ancien ministre
de l'Empire, Outingfang, négocie avec les étrangers. L'appel des représentants, à raison de
trois par province, n'est lancé qu'à la mi-novembre. Dès le 21 les délégués de sept provinces sont réunis à Changhaï : c'est le commencement d'une petite Assemblée nationale. Une
constitution provisoire de la République chinoise en 21 articles est votée le 3 décembre à
Hankeo par une réunion de représentants du
même genre. C'est une sorte de gouvernement
militaire en attendant, dans les six mois, la
convocation d'une Assemblée nationale.

Au début de décembre, c'est encore le général Liyuenhong, le promoteur du mouvement
militaire, qui est à la tête du parti. Dès la reprise d'Hanyang par les impérialistes, et même
un mois plus tôt, il avait été approché par Yuan,
quand celui-ci était à la tête des troupes devant

Hankeo, après que les bons offices du consul
anglais à Hankeo eurent été acceptés, Li s'entendit enfin avec Yuan pour que, au cours d'un
armistice, qui devait se prolonger indéfiniment,
une conférence fût tenue entre les représentants des deux partis. Cette conférence apparut
un des plus beaux triomphes pacifiques du parti
révolutionnaire.

Pour le représenter à la conférence, Yuan
délégua, de son sceau personnel, Tang chaoyi.
Ce Cantonais avait déjà été ministre, mais,
depuis deux ans, retiré, il méditait des plans
politiques, comme tout grand fonctionnaire qui
a cessé momentanément d'exercer sa haute
charge. Il venait de refuser un portefeuille que
lui offrait son maître Yuan, mais il avait des
sympathies révolutionnaires; il accepta la mission délicate de négociateur extraordinaire, et
partit pour Hankeo le 9 décembre, après la démission du régent, accompagné de délégués
soigneusement désignés par Yuan, à raison
d'un par province. Il pouvait accorder l'auto-
nomie des provinces ; mais il devait rester in-
transigeant sur le maintien de l'Empereur, bien
que le pouvoir pût passer en fait à un président
du Conseil élu par le peuple comme une sorte
de président de République.

À l'arrivée à Hankeo, Liyuanhong, général
qui ne manque pas de diplomatie, apprit au
plénipotentiaire que le parti républicain avait

6

désigné Outingfang comme négociateur, et
celui-ci étant irrévocablement retenu, par ses
fonctions de directeur des Affaires étrangères
du gouvernement provisoire, à Changhaï, c'est
là que la délégation pékinoise devait se rendre.
On savait la ville depuis longtemps acquise aux
révolutionnaires ; ils n'y avaient pourtant pas
encore commis d'exactions comme il arriva bientôt ; l'exaltation y était grande en faveur des
nouveautés, tandis que Hankeo fumait encore de
la récente victoire des troupes impérialistes.
Yuan pourtant accepta.

Au cours du voyage, en descendant le Yangtse, Tang traversait des pays acquis à la rébellion ; il passa devant Nanking qui venait de
tomber aux mains des révoltés. Le spectacle
sans doute l'influença ; toujours est-il qu'à la
première réunion de la conférence tenue à
Changhaï le 18 décembre, à en croire les
comptes rendus unanimes, il n'ouvrit pour ainsi
dire pas la bouche. Ses assistants ne purent
pas le suppléer, car il était convenu que les
plénipotentiaires seuls pourraient parler, et
que les conseillers et auditeurs, de part et
d'autre, devraient rester silencieux, tout au
plus se parler à l'oreille ou faire passer des
observations par écrit à leur chef respectif.
C'était annihiler soit l'éloquence, soit l'ingé-
niosité diplomatique de ceux que Yuan pourtant
avait choisis attentivement. Ce fut donc un dia-

logue et non un congrès ; et ce fut même un
monologue, puisque Tang, presque toujours
muet, ne contesta aucun des points exposés
par son compère Outingfang. Celui-ci exigeait
nettement la reconnaissance préalable de la
république. Tang transmit à Péking la prétention comme définitive ; il représenta les républicains prêts à partir en guerre à l'expiration
de l'armistice dont déjà, par ses pérégrinations,
il avait épuisé les quinze jours. La famille impériale, si elle rendait l'expédition nécessaire,
aurait un sort misérable, tandis qu'on la traite-
rait avec dignité, si elle se résignait. L'arrivée prochaine de Sunwen, ajoutait-il, rendait
irrévocables les exigences du parti républicain.

Ces nouvelles affolèrent la Cour, et permirent
à Yuan d'en obtenir, après avis des princes réunis, le décret du 28 décembre qui annonçait la
convocation de l'Assemblée nationale selon une
loi électorale à déterminer, fonctionnant normalement. Celle-ci indiquerait la forme de
gouvernement qui convenait à la Chine, et la
cour se conformerait à la décision. C'était un
pas considérable : la possibilité de la république était admise, alors que deux mois auparavant, la Cour, en proclamant les 19 articles de
confiance, s'en tenait à la monarchie constitutionnelle. Cette suprême concession arriva trop
tard.

Dès le 19 décembre étaient réunis à **Nanking**

les délégués des 18 provinces ; ils constituaient
une sorte de gouvernement provisoire républicain dont ils nommaient déjà les hauts dignitaires. Le 27 décembre, Sounwen arrivait ; brusquement il effaçait la gloire militaire de Liyuanhong et de Hoạngsing, et la réputation déjà
parlementaire de Outingfang. Il était acclamé
président de la république par 17 voix sur 18.

Dès lors l'élu de Nanking se trouvait en face
de l'homme de Péking et contrariait ses projets. La révolution s'aggravait. Il fallait abandonner tout espoir d'entente.

En envoyant son émissaire Tang discuter à
Changhaï, Yuan, maître du Nord de par la
confiance de la Cour, avait pu espérer qu'une
élection présidentielle dans le Sud en sa faveur
lui donnerait un égal pouvoir sur le pays gagné
à la rébellion. Ramenant ainsi tout l'empire
sous sa propre domination, le pacifiant grâce aux
emprunts à l'étranger que l'affermissement de
la situation lui permettrait de réaliser, le re-
plaçant sous une unique loi dont il demande-
rait le principe à la nation, il rendrait l'Empire à l'Empereur ; il ne doutait pas que les
sept dixièmes de la nation consultée, comme
il disait, ne s'exprimassent en faveur d'une
monarchie limitée, si limitée peut-être même
que c'en pourrait être un régime à l'anglaise
bien plus qu'à l'allemande.

Il avait obtenu de l'impératrice, anéantie par

les dépêches de Tang chaoyi, la convocation d'une Assemblée nationale, essentielle à sa combinaison, c'est-à-dire à son compromis avec les révolutionnaires : la Cour avait donc accepté d'oublier le serment de fidélité à la constitution juré sur l'autel des ancêtres. L'élection de Sounwen jetait par terre des plans si bien agencés.

Dès lors l'attitude de Yuan change tout à fait. Il ne reconnaît pas les arrangements de son plénipotentiaire qui n'a pas caché dès le début ses sympathies pour la république ; il lui retire la signature valide pour une entente, et en avise Outingfang ; il n'admet pas la prétention des républicains de faire reculer les troupes impérialistes de cinquante kilomètres sur tous les champs de bataille, pour assurer l'armistice au cours des discussions ; il exige que, pendant cette période de cessation des hostilités, les révolutionnaires, aussi bien que le gouvernement, s'abstiennent de tout emprunt ; il refuse de considérer comme une Assemblée nationale valable les représentants des provinces réunis à Nanking en quelques jours. Il exige que la convocation se fasse selon une loi électorale sérieuse, sérieusement préparée, comme le prévoit le décret de la Cour, sérieusement appliquée, dans les délais nécessaires à son fonctionnement normal, c'est-à-dire dans un minimum de quelques mois, vu l'étendue

de l'empire et le mauvais état des routes
en cette saison d'hiver. Il prétend que cette
Assemblée nationale digne doit siéger à Péking,
dans la capitale, et non dans une des villes du
Yangtse. Sinon, c'est la guerre.

Tang démissionna; Yuan reçut la démission du plénipotentiaire et refusa même de désigner un successeur pour prendre la suite
des négociations. Il estimait qu'on pouvait
désormais discuter avec lui par télégraphe.
L'Assemblée consultative, réunie en séance le
3 janvier, réclama qu'un ultimatum fût envoyé à Changhaï; faute d'être écouté, le gouvernement ferait son devoir militaire.

Il semblait que toutes négociations allaient
être rompues; et pourtant l'armistice fut encore
renouvelé pour quinze jours, puis encore pour
quinze jours.

Pendant ce mois de janvier 1912, les pourparlers ne reprenaient pas entre le Nord et le
Sud. Yuan avait protesté contre le gouvernement provisoire de Sounwen qui, à Nanking, or-
ganisait les différents services de ses ministères. A Péking, Yuan préparait les princes à
un *modus vivendi*, et à une abdication au moins
provisoire quand, au sortir du palais impérial
le 16 janvier, à midi, il faillit être victime d'un
attentat à la dynamite où périrent, ou furent
grièvement blessés, trois chevaux et quatre
hommes de son escorte.

Les conversations avec le Sud étaient arrêtées; mais la marche au nord des hommes du Sud, particulièrement sur la ligne de Han-keo-Péking, continuait. Le désaccord se manifestait au sein du palais, parmi les membres de la famille impériale. Un parti de la résistance semblait enfin s'éveiller à la tête duquel se mettaient les Mongols pour la défense du Trône. Le plus grand homme d'État de ces dix dernières années, le doyen des princes, celui qui malgré ses soixante-quinze ans, aux minutes de panique récente, était demeuré digne, attendant la mort, la prince K'ing, n'était plus d'accord avec Yuan. A cette heure difficile, Yuan prenait un congé de trois jours, et, à l'expiration, un décret annonçait que le prince K'ing à son tour se retirait des affaires pour cinq jours. Il n'y a pas d'affolement. L'Empereur, l'impératrice, le régent, le prince K'ing, Yuan, tous les grands premiers rôles du drame sont là, et il est bon qu'on sache qu'à aucun moment ils n'ont quitté Péking. Les précepteurs de l'enfant impérial entrent chaque jour au palais pour lui donner les leçons comme d'habitude. Où en est la démission conditionnelle qui, depuis le décret du 28 décembre, paraissait acquise? Yuan l'attend; Yuan a montré à la Cour qu'elle n'y peut échapper; lui-même arrange l'organisation d'un gouvernement provisoire à Tientsin. Le rôle de l'homme de Péking est

fini vis-à-vis de la Cour mandchoue. Il l'a pro-
tégée tant qu'elle eut des moyens : hommes et
argent ; mais au moment où elle lui semble à
bout de forces et de ressources, le bon serviteur de la dernière heure, le ministre suprême
refuse de disparaître avec elle. Il se retire. Il
attend le départ de ces maîtres étrangers qui ont
dominé son pays depuis près de trois siècles :
lui est Chinois. Il veut encore servir la Chine.
Servira-t-il la Révolution ? L'endiguera-t-il ?

A l'heure où la place est nette pour la république, où la rébellion n'a pas à vaincre l'ennemi dynastique contre lequel elle s'est levée,
à l'heure où l'œuvre d'un homme agissant de
sang-froid a déblayé le terrain, et réalisé ce
que ni les armes ni les assemblées n'avaient
obtenu, que peut faire la Révolution ? Elle rallie
le personnel des ministères de l'ancien régime,
sauf quelques lettrés de grand caractère ; tous
ceux qui, ces dernières années, préparaient les
réformes constitutionnelles, paraissent prêts à
entrer dans les cadres du régime nouveau, où
ne dominent encore à la première heure que les
jeunes gens sous l'influence japonaise. Mais
le sort de la Révolution n'appartient pas à ces
groupes ; il est fixé par deux hommes : Yuan
Chekai et Sunyatsen. Celui-ci, à peine en charge,
n'a point manqué de jurer fidélité à la constitution républicaine et il s'est installé dans l'ancienne capitale impériale à Nanking ; mais, dès

son triomphe il n'en a pas moins toujours déclaré qu'il se retirerait devant Yuan pourvu
que Yuan soit acquis à la Révolution.

Après la retraite de la dynastie dont il assurait la fin, Yuan est-il acquis à la Révolution?
C'est ce qu'on n'a jamais pu dire avec cer-
titude. C'est le doute et la méfiance à son égard
qui empêchèrent la fusion des deux négociateurs suprêmes. On causa, mais ce fut moins
pour s'entendre et coopérer, que pour éviter
d'agir, c'est-à-dire de s'entretuer; l'un des deux
rusa, l'autre s'usa. Yuan n'a point bougé de
Péking, et s'affermit; Soun s'est encore échappé
en exil, discrédité.

VI

PREMIÈRES IMPRESSIONS

Fatalisme et opportunisme.

Décembre 1911.

La lenteur de ce qu'on a si vite appelé la révolution chinoise oblige à la réflexion ceux qui suivent le mouvement à Péking et en guettent les manifestations.

Même à la capitale où tout doit finalement retentir de ce qui ébranle la province, l'observateur a si peu à enregistrer, au moment où il pensait que le cours des choses devait se précipiter, il est tellement déconcerté de tant de calme et d'apparente insouciance qu'il a tout loisir, non seulement de contrôler le peu d'informations qu'il reçoit, mais même d'évaluer le poids des événements qui peu à peu se produisent et leur importance dans l'ensemble du vieux système de forces qui constituent la Chine.

L'impression très nette qui domine et colore le tableau c'est que dans la révolution chinoise qui s'accomplit, rien ne s'opère qu'autant que les temps sont révolus. La violence n'a guère de place, en dépit de tous les faux bruits, issus même de télégrammes et de rapports lancés on ne sait par qui, et transmis à la Cour avec des signatures de personnages considérables. Beaucoup de communications étant interrompues, l'information est souvent fantaisiste, mensongère, tendancieuse. Malgré la présence de l'armée, la brusquerie n'est employée ni dans l'attaque, ni dans la répression : on laisse faire le temps des deux côtés. On ne croit pas que ce qui n'est pas mûr puisse être avancé ; on n'a pas hâte d'en finir avec l'adversaire. Les républicains croient que l'absolutisme impérial a vécu, mais ils se contentent d'attendre avec patience, et il est vrai aussi avec ténacité, que peu à peu tous les obstacles à la république disparaissent, ministres centralisateurs comme Cheng Kong pao, princes de la famille impériale comme Tao et Choun à la tête de ministères aussi importants que la Guerre et la Marine, jusqu'au régent lui-même et demain au petit Empereur, qui doivent se dessaisir de leur autorité mal exercée.

Pour les soldats, il n'y a d'acceptable qu'un minimum d'action et d'engagements. On se

contente le plus souvent de les montrer, on
opère des déplacements de troupes pour im-
pressionner l'adversaire et l'assurer de son qui-
vive. Presque tout le décisif se passe en armistices, négociations, compromis ; on se bat avec
courage sans doute, surtout les révolutionnaires
républicains, mais rarement ; on s'applique
plus à la temporisation. Les soldats ne se re-
tirent, ni ne se lancent hors de mesure. On ne
détruit pas la ligne ferrée, tout au plus la rend-
on inutilisable l'espace de quelques rails, enfan-
tinement déboulonnés, et placés sagement alors
le long des traverses même. On ne coupe pas les
ponts, on ne recourt pas aux moyens héroïques
et pressés ; on laisse aller. Ce n'est qu'exceptionnellement que l'action a des minutes d'acharne-
ment — et encore sont-elles calculées — et
on est prévenu, comme à Wout'chang, à
Tayuen, à Nanking. Point d'obstination, ni de
nervosité ; peu de ces atrocités coutumières en
Europe dans des situations que nous estimons
moins graves.

Raisonnablement on se fixe un plan, auquel
on se tient, ou dont on cède des parties, selon
les circonstances. L'autorité elle-même ne dirige pas à proprement parler les événements,
et pèse à peine sur leur enchaînement. Ce mé-
lange d'acceptation de ce qu'on considère
comme l'inévitable et d'aisance à s'y adapter,
constitue le plus caractéristique de cette révo-

lution. Il n'y a pas de sang versé à flot, pas
d'explosion, sauf exceptionnellement, pas d'ex-
ploits non plus. Tout s'accomplit froidement,
avec calme, sans ardeur. Successivement ceux
qui paraissent le plus obstinément attachés à
leur fonction, les pivots de l'ancien régime, les
princes et le régent se sont retirés sans éclat ;
les révolutionnaires discutent les articles cons-
titutifs de la nouvelle organisation avec les représentants du pouvoir établi, mais ébranlé. Ce
n'est pas même à Péking, c'est au centre de la
révolution que cette session se tient. L'autorité se transmet sans secousse.

Tout cela, malheureusement pour le pays, ne
s'entend que de la politique. Cette sagesse ne
s'étend point à l'ensemble du peuple ; ce n'est
pas pourtant que la fureur des opinions l'agite
en un sens ou en l'autre, pour le maintien de
l'Empereur enfant, si faible soit l'ombre de son
pouvoir, ou pour l'établissement d'une république fédérale d'États indépendants à la manière
des États-Unis. Le peuple, faute de sentir en ce
moment une autorité ferme, a commencé en
maints endroits, sur la côte méridionale, au
Yunnan, au Chensi, au nord du Chansi, à se
livrer au banditisme, à la piraterie, aux désordres de toutes espèces qui caractérisent les
époques où se détend la discipline. Des soldats,
qui n'avaient pas reçu leur solde depuis des
mois, ont demandé que des banques privées

avancent l'argent aux fonctionnaires pour les
distributions en retard ; ; comme on refusait, ils
ont commencé le pillage de l'argent, des habits
de soie, des fourrures ; puis ils ont parcouru les
voies du commerce, grossis à chaque marché
de tous les éléments instables de la population. Tous en Chine sont opportunistes, à leur
manière, dès que l'occasion s'offre à ces gens,
qui n'ont rien, de prendre quelque chose.
Chaque soldat avait trois ou quatre chevaux
pour porter son butin. C'est ainsi qu'au moment où la tête de la nation donne un si bel
exemple de possession de soi et de maîtrise de
la situation, malgré les oppressions financières
les plus lourdes, la masse commence au contraire à troubler l'ordre dans le pays. C'est
le même principe de fatalité et d'opportunisme
qui fait à la fois tout ce bien et tout ce mal ;
l'ardeur, le cœur, la conscience, n'inspirent
pas ici les mouvements décisifs dans les circonstances décisives.

La Chine montre ses merveilleuses facultés
à durer, et en même temps la difficulté qu'elle
éprouve à maîtriser sa masse aux heures de
recomposition ; clairvoyante et soumise d'une
part, aveugle et gourmande d'autre part, elle
étale en ce moment son manque d'homogénéité,
l'écart énorme qui sépare le lettré du peuple.
Le premier peut mener à bien une transformation même radicale ; par le second le mou-

vement tourne vite en révolution, pour peu
qu'il s'opère avec lenteur. La docilité du
peuple, n'étant point éclairée, n'est pas assurée.

Ce qu'on ne dit pas.

On lit les dépêches les plus sensationnelles
et les plus attristantes, comme le massacre de
la mission Legendre heureusement démenti ;
on rapporte des quatre coins de l'Empire les
faits les plus extraordinaires, et on accorde
sans critique une foi, sinon absolue, au moins
irraisonnée, à toutes ces nouvelles émouvantes,
comme s'il ne pouvait y avoir de révolution
sans événements d'une brusquerie ou d'une
ampleur considérable. Quand une partie de la
ligne du Chansi fut occupée par les rebelles,
on dit qu'ils s'étaient livrés à Tayuen à une
boucherie de Mandchous effroyable dans le
quartier tartare ; mais on n'a pas dit que c'est
eux-mêmes, un des leurs qui, à l'autre bout
du fil, donnait ce terrifiant avertissement ; on
avait parlé de deux mille fusillés ; on parle,
aujourd'hui que Tayuenfou est accessible,
d'une vingtaine. La petite chronique non véri-
fiée doit au câble toute sa grandeur.

Ce n'est pas seulement l'étranger qui fut
ainsi remué vivement. Beaucoup de lignes té-

légraphiques étaient coupées, puis rétablies
tout d'un coup ; on ne cherchait pas comment,
et les rapports télégraphiques les plus extraordinaires arrivaient aux différents départe-
ments de la capitale qui s'affolaient, ou de-
meuraient stupides, consternés. Il faudrait
dire la vérité et éclater de rire sur-le-champ,
au lieu de tenir en réserve un sourire entendu
pour des récits qui suivent, après des semaines, les événements. Comme des bouffons
qui ne négligent rien pour produire les plus
gros effets, les révolutionnaires usèrent de
moyens du plus haut comique, et réussirent
auprès des plus hauts fonctionnaires apeurés.
Tientsin n'est pas à trois heures de chemin de
fer de Péking, il y a entre les deux grandes
villes télégraphe et téléphone ; et pourtant
deux jours durant, on ne put savoir au juste,
ni dans les bureaux chinois, ni même aux légations, si le port était aux mains des révolutionnaires, et si Péking était menacé. Les trains
arrivaient régulièrement, et avec eux les renseignements les plus contradictoires. Quel-
qu'un du ministère des Affaires étrangères pé-
nétrait un jour près du régent et lui annonçait la prise de la ville.—D'où le tenez-vous? les
communications sont rompues. — C'est le consul du Japon qui l'a télégraphié à sa légation.
— ... Et alors, chaque consul de Tientsin télé-
graphiait à sa légation à Péking ; et pourtant

il n'y eut jamais rien dans la cité chinoise de Tientsin que des affiches révolutionnaires.

On dit, et on n'ose pas dire, que des explosifs entrent constamment à Péking en cachette et que la police ne met pas la main sur tous. On sait que Yuan Chekai déménage pour aller inaugurer les nouveaux bâtiments du ministère des Affaires étrangères. Même ceux qui assistèrent à son arrivée à la gare de Péking n'ont pas dit que sa voiture était allée jusque sur le quai et qu'il était descendu du wagon pour y entrer, pour y disparaître. Le grand homme se protège ; il n'a jamais accepté l'idée de se rendre à la Chambre consultative ; il avait imaginé d'en recevoir les membres chez lui, mais ils refusèrent et ce fut seulement leur président S. E. Li Kia Kiu qu'ils déléguèrent à cette vaine cérémonie.

On ne dit pas les combinaisons inouïes dont il fut question quand il était encore à Hankeou s'efforçant de négocier avec le général de la révolution, Li ; il était gardé par une sentinelle perchée sur le toit du wagon dont il faisait son quartier général. Ceux qui savent quelque chose en renforcent leur opinion que ce sauveur ne doit qu'aux étrangers sa réputation ; la Chine intelligente ne lui fait guère crédit. Il est l'instrument de l'heure. Il ne fait pas l'admiration de ses adversaires, comme il arrivait pour le prince K'ing invariablement quand des

7

fonctionnaires partisans des réformes les plus
avancées étaient convoqués par l'homme d'État
qu'ils combattaient. Les plus européanisés, qui
sortaient écœurés de chez S. E. Natong, dont
la séduction glissait sur leur froide clair-
voyance, conservaient la plus haute idée de la
dignité et de la force de l'homme qui connaissait tout le personnel administratif de son pays.
Même ceux qui sont en Europe à cette heure
peuvent témoigner de cette impression ; est-ce
qu'ils ne le disent pas ?

On n'a pas dit toutes les mystifications du
Chantong, qui aboutirent à la démission, ac-
ceptée par le Trône, dans un décret du 18 décembre 1911, d'un homme qu'on a connu à
Paris et à Berlin comme ministre de Chine,
qui envoya de France le premier rapport à la
Cour pour l'établissement d'une constitution
en Chine, S. E. Soun-Pao-K'i. Mais parle-t-on
de l'entente qui se négocie fin décembre à
Changhaï entre deux augures qui exercèrent
déjà les plus hautes fonctions, le docteur
Outingfang, ancien ministre à Whasington, au
nom du parti républicain, Tang-Chao-i, ancien
ministre d'État, au nom de Yuan, chef actuel du
gouvernement ? Cette entente n'est qu'un
échange de paroles : Yuan ne peut alors déposer l'Empereur dont il continue de se procla-
mer le défenseur, sans risquer sa tête ; mais
qu'il laisse agir le temps ; que petit à petit les

républicains gagnent Péking, dans quelques
mois, et alors on pourra peut être sans trop de
risque balayer ensemble les Tartares. Jusque-
là, puisqu'on continue de clamer que le Trône
n'a plus d'argent, pourquoi ne pas dire pourtant qu'on continue de payer les pensions ali-
mentaires fournies aux membres du clan impérial, régulièrement, et non pas seulement
aux soldats, mais même aux civils ?

Il y a tant de choses qu'on ne dit pas et que
venait me dire à l'oreille l'autre jour un vieux
Tartare, rusé mais averti, qui, de M. de Roche-
chouart à M. Pichon, a suivi de près notre personnel et notre fortune ; mon homme fut écouté
de ces ministres qu'il servit avec dévouement
aux heures où il s'agissait de plus que d'affaires courantes. Il vaut d'être entendu encore.

Il y a tant de choses qu'on ne dit pas ; on en
dit de si étranges ! Ceux qui savent ne peuvent
pas parler ; ceux qui parlent ne peuvent savoir,
et pourtant la Chine, pour qui y vit parmi les
Chinois, n'est point un pays si mystérieux. C'est
pour les étrangers qu'elle est étrange ; les
choses y sont-elles même plus complexes que
chez nous ? Le Chinois dit volontiers que nos
hommes ont le cœur simple et franc et qu'on
le peut connaître ; c'est vrai ; mais nous-
mêmes, ne savons-nous pas qu'il y a des
choses que le Chinois ne peut dire, et qu'il
dément à son meilleur ami, et qui sont vraies,

et sur lesquelles ni l'un ni l'autre ne se trompe
pour la conduite de leur action ? Ce qu'on ne
dit pas parmi ce peuple si correct, si courtois, et aux paroles si abondantes pourtant, ce
qu'on ne dit pas est justement ce d'après quoi
on dirige sa conduite, surtout aux heures critiques. Ce qu'on ne dit pas, c'est l'important.

Indécison chinoise.

Au 28 décembre, brusquement la situation
paraît redevenue grave. Après une longue
période d'accalmie pendant laquelle il semblait
que la parole, la parole décisive, n'était plus
aux politiciens de l'intérieur, partisans du Trône
ou acclamateurs de la république, mais uniquement à la finance internationale, au syndicat
des quatre puissances, à ceux qui avaient fait
échouer l'emprunt du baron Cottu qui eût pu
sauver la dynastie, et qui donnait la seule chance
d'éviter le désordre dans l'Empire, voilà qu'à
l'improviste, comme un coup de foudre, éclate
le bruit de nouveaux engagements au nord de
Poukeo près de Nanking, en plein armistice;
c'est la victoire du général Tchangsiun, l'intré-
pide loyaliste, sur les révolutionnaires !
Les hostilités étaient suspendues jusqu'au
31 décembre pour permettre à la conférence

tenue à Changhaï entre représentants du pouvoir, avec Tang Chao yi, et républicains, représentés par Outingfang, d'arriver à une entente sur la forme du gouvernement; et comme les négociations ne s'engageaient pas, on avait déjà annoncé que l'armistice serait encore une fois prolongé. Visiblement le gouvernement paraissait vouloir gagner du temps. De part et d'autre, on achetait ce qu'on pouvait d'armes et de munitions aux Japonais et aux Allemands, à ceux qui ont le souci constant de renouveler leur armement national, ne l'oublions pas, et même, on prenait position. Selon les rumeurs, les 3.000 soldats révolutionnaires venus de Canton à Changhaï s'embarquaient sur le Yangtse pour Nanking, d'où le chemin de fer de Poukeo-Tientsin les conduit facilement vers le nord pour l'attaque éventuelle de Péking : brusquement voilà que le représentant du gouvernement, un Cantonais, Tang Chao yi, se déclare favorable aux idées républicaines, à la forme républicaine! C'était le seul point sur lequel Yuan Chekai, en qui le Trône s'est confié, avait donné ordre à Tang de résister. Le 27 un grand conseil exceptionnel des princes et des ministres est tenu, et le 28 paraît le décret des grands jours, abondant en littérature comme tout ce qu'on fit émaner en ses derniers temps de l'impératrice douairière Longyu.

Outingfang y est donné comme « le repré-

sentant de l'armée nationale » et il est dit que
« l'opinion privée d'un groupe de la population
ne peut avoir de valeur décisive pour savoir
quelle forme de gouvernement serait actuelle-
ment la plus adaptée aux besoins de la Chine,
la monarchie constitutionnelle ou le régime
républicain ». Et voilà que le Conseil des
ministres doit « élaborer le plus vite possible
une loi électorale et la mettre en vigueur pour
que le parlement puisse être convoqué à temps,
ainsi que négocier la suspension des hostilités
pour garantir à la population une existence
paisible et mettre fin à de grands malheurs ».

Ce décret, comme toute la conduite jusqu'ici
de Yuan, depuis plus d'un mois qu'il est à
Péking, retour d'Hankeo, où déjà il négociait
avec les révolutionnaires, ce décret du 28 ne
paraît fait aux yeux de tous que pour continuer
de gagner du temps, à la chinoise. Mais déjà au
début de l'armistice, les révolutionnaires se
plaignaient que les impérialistes n'avaient pas
cessé les hostilités, et le lendemain du jour où
paraît le décret de paix et d'attente, sinon
d'entente, le 29, voici un télégramme annonçant
une victoire impérialiste du glorieux défenseur
de Nanking.

Alors, Péking redevient un peu nerveux,
comme il fut quelques jours ; les conversations
reprennent. On parle, comme d'une lointaine
possibilité, d'une attaque de la capitale, et voilà

quelques jours que ce plan est donné comme
celui des révolutionnaires. Les journaux sont
pleins de commentaires sur l'intervention
étrangère possible; il faut signaler qu'il n'est
pas question du tout de la France dans la revue
générale des puissances ou favorables ou hos-
tiles à l'intervention : l'Allemagne, la Russie et
le Japon passent pour les seules qui désirent
intervenir, naturellement pour défendre l'ancien régime. L'Angleterre a tout fait pour qu'on
ne prête pas d'argent trop tôt. Plusieurs esti-
ment aussi qu'elle a montré de la sympathie aux
révolutionnaires, du moment où le consul anglais de Hankeo a pris l'initiative de la conférence de Changhaï entre gouvernementaux d'apparence et républicains. La conférence d'ailleurs
a échoué. Les mêmes pensent qu'il est grand
dommage que l'effort français ait été arrêté tout
d'un coup pour suivre le mouvement, le contre-
mouvement anglais. La France reprenait en
Chine, dans la Chine réformiste, une situation
de premier plan.

Ce n'est pas à dire qu'une place de faveur ne
l'attende pas dans la Chine révolutionnaire qui
peut triompher, mais après quels désordres,
après quel affaiblissement de l'autorité! Il
semble bien qu'on ne soit plus à la veille de la
révolution, mais que vraiment elle commence.
On ne va donc plus se contenter comme jusqu'ici de l'assassinat des chefs. Faute d'argent,

on va se tuer pour s'imposer ; et pourtant les flots réguliers de sang répugnent au Chinois.

L'inévitable assaut.

Dès que le général Li Yuan Hong se souleva à Wout'chang, il indiqua dans sa signification aux consuls de Hankeo le 12 octobre qu'il marchait à l'assaut de la dynastie ; dans tous leurs mouvements militaires jusqu'au début de décembre, ceux que le gouvernement s'obstinait à appeler des rebelles montrèrent bien que leurs visées avaient un but bien défini, le renversement de l'Empereur et des siens, et qu'ils n'étaient pas seulement des soldats mutinés, mais des républicains avant la lettre, les instaurateurs et les acclamateurs du régime nouveau. Toutefois, au cours de ces opérations militaires qui traînèrent plus de six semaines, peut-être parce que leur plan mal concerté n'aboutit pas, les révolutionnaires n'inspirèrent pas au Trône la crainte qu'eût dû donner la poursuite de leur but déclaré. Les décrets le prirent toujours de haut avec ces égarés qu'on voulait ramener, à qui on offrait un pardon généreux, qu'on se refusait à réduire par la force des armes, comme de véritables adversaires.

Après la reprise d'Hanyang par les soldats

impérialistes, le gouvernement fit accepter ses désirs de négociations, de pourparlers pacifiques, et la période des armistices commença, d'abord de trois jours, puis de douze, puis de sept, puis de cinq, puis de dix, jusqu'au dernier renouvellement du 15 janvier qui prolonge encore la trêve d'une quinzaine. Pendant deux mois on fit assaut d'habileté, de ruse, d'esprit, sinon d'éloquence. La lutte des gens de parole, de ce qu'il y a de lettrés dans les deux camps, succède à celle des gens d'armes, des guerriers intrépides, qui commencèrent l'attaque. C'est la période des palabres, si importants, et si naturels dans un pays où le général, à toutes les époques, est doublé d'un lettré qui le conseille et le dirige. Malheureusement, les républicains de l'avant-première heure sont intransigeants, et leur irréductibilité ne peut être entamée par les promesses les plus tentantes d'argent et de titres auxquelles ne résiste guère le Chinois traditionnel. Les hommes du régime nouveau sont inaccessibles et l'assaut des représentants les plus habiles du gouvernement ne peut triompher des convictions républicaines.

Ce n'est pas que les paroles, les belles paroles, aient manqué dès le premier moment, quand, par la violence et avec éclat, les nouveaux venus manifestèrent où ils voulaient atteindre. Tous les décrets de cette époque furent pleins de douceur, de mansuétude, d'invitation pater-

nelle à venir à résipiscence, et il n'était pas de
lettré, durant tous ces temps de troubles, qui ne
portât aux dîners où il était prié sa petite composition sur les difficultés de l'heure présente.
Moins les guerriers avaient d'élan, plus les
donneurs de conseils prenaient de place. Ceux-
ci réussirent, comme il convient en Chine, à
supplanter ceux-là, et à leur faire déposer les
armes.

Les périodes des conférences furent aussi
scandées par de brusques reprises, des attaques
furtives, dont les deux partis s'excusaient
assez pauvrement, prétextant les malentendus
des époques de transition : aux lignes de combat
où les avant-gardes s'affrontaient, les ordres de
renouvellement de trêve étaient arrivés tardivement, et l'esprit des uns et des autres était
ainsi satisfait. Aucun ne perdait le souvenir
de l'assaut qui convenait à sa nature et à son
objectif, mais l'un et l'autre restaient irréductibles.

Est-ce la faillite des sages ? Les modérés
sont-ils déçus et vaincus, même sans coup férir ?
Ou bien l'attente fut-elle ruineuse et la patience
mauvaise ? La parole autorisée, celle des lettrés célèbres ou celle du gouvernement, a
d'abord été dédaignée par les hommes d'action
qui rejetaient aussi cette tradition de leur pays.
Puis, quand ils l'écoutèrent et engagèrent la
conversation, le charme des paroles fut impuis-

sant. Yuan Chekai lui-même, le créateur de
l'armée moderne en Chine, venu pour négocier,
supplanta bien le ministre de la Guerre qui
prétendait écraser, mais il n'obtint pas plus
par la persuasion que l'autre n'avait pu par la
force.

Maintenant c'est le dernier et inévitable
assaut. Les premières armes ne furent pas
décisives ; les dernières paroles restent vaines.
Deux gouvernements qui se reconnaissent provisoires l'un comme l'autre et s'en remettent
de leur sort à la décision d'une Assemblée
nationale se livrent l'assaut suprême ; le dernier mot sera-t-il à la violence ou à la persuasion ? à la Chine nouvelle ou à la Chine éternelle sous quelque forme qu'elle se présente ?

VII

NANKING PENDANT LA RÉVOLUTION

Nanking, la capitale des Ming il y a trois siècles environ, est devenue le siège du gouvernement provisoire de la République chinoise depuis que Souen-Wen, le premier président élu, s'y est installé le 2 janvier. L'espoir qu'ont les révolutionnaires les plus fervents, et particulièrement les Cantonais, de voir cette antique métropole remplacer Péking comme capitale définitive de la République ; l'histoire du siège qu'elle supporta, pendant trois semaines, seule de toutes les villes de l'Empire, au cours du récent mouvement révolutionnaire, — c'est plus qu'il n'en faut pour qu'on réserve à Nanking une place à part dans une histoire au jour le jour de ce qui se passa en Chine, pendant la révolution.

Nanking, la « capitale du Sud », est revendiquée par les méridionaux, qui sont à l'origine du mouvement républicain. Péking, proche de la Mandchourie, pouvait être la forteresse des conquérants mandchous ; Canton, berceau de l'agitation, ne peut prétendre au rang de capitale, sa situation étant aussi excentrique que celle de Péking ; Nanking, parmi les villes de la vallée du Yangtse, vaut bien qu'on s'y arrête ; Wout'chang, voisine d'Hankeou, a, peut-être, un avenir considérable, mais son passé, même immédiat, n'a pas le lustre du passé de Nanking : mieux vaut boire l'eau de Nanking que manger le poisson de Wout'chang, rapporte déjà le vieux dicton.

*
* *

En février, les trains qui vont de Changhaï à Nanking en six ou huit heures, express ou omnibus, sont tous bondés non pas de fuyards apeurés, mais de voyageurs affairés. Un grand nombre sont des jeunes, partisans du régime nouveau ou même déserteurs de l'ancien régime, par exemple des officiers de la garde de Péking, qui s'en vont à Nanking pour être détachés à la Présidence ou à l'état-major. Tous viennent offrir leurs services au gouvernement de Nanking qui les écoute toujours, s'il ne les accueille pas tous.

On les reconnaît facilement à leurs chaus-
sures jaunes toutes neuves, à leurs complets
de façon japonaise ou allemande, à leurs par-
dessus longs comme les lévites juives de Var-
sovie, à leur faux-col serré autour du cou,
sans chemise, simplement par-dessus un mail-
lot de laine. Soyez certain que ce personnage
un peu gauche, mais assez vite prétentieux,
parle une langue européenne, l'anglais le plus
souvent ; j'en ai trouvé aussi qui répondaient en
français à mes questions en chinois, sans même
savoir si j'étais Français, simplement pour montrer qu'ils connaissaient une langue étrangère.
Soyez sûr aussi — et il ne tardera pas à vous le
dire en détail — que ce petit monsieur, dont
un parent plus ou moins lointain exerce ou a
exercé telle ou telle fonction, a déjà été reçu
par le président de la République et qu'il lui a
présenté tel ou tel remède très efficace à la situation présente. Ce petit homme, voyageur
de troisième classe, n'est pas aussi antipathique
que son camarade retour d'Europe, de Belgique ou d'Angleterre, qui porte un accoutre
ment plus soigné et un melon sur la tête. Le
chapeau mou, feutre, soie ou toile, pareil au
couvre-chef que nous mettons en excursion ou
au bord de la mer, coiffe maintenant la plupart
des gens de la province du Kiangsou ; ils n'ont
souvent que cela d'européen dans leur costume,
qui, resté de belle soie éclatante, contraste

avec les tons ternes et éteints des étoffes étrangères, grises ou kaki; ils ont abandonné la
casquette de voyage qu'ils avaient d'abord
accueillie avec tant d'empressement.

Écolier visant un emploi, ou ancien étudiant
à l'étranger ayant déjà ou cherchant une place
de secrétaire dans un des ministères en formation, ou commerçant de plus ou moins d'importance, tous, à n'importe quelle heure du
voyage, pour cinquante centimes, mangent avec
une cuillère en métal un plat de riz avec des œufs
et des crevettes. Les domestiques du wagon
transportent ces vivres d'un bout à l'autre du
train entre les petites banquettes et les petites
tables. On mange pour passer le temps, sobre-
ment et à bon marché, et tous les quarts d'heure
le plus pauvre comme le plus riche, pour deux
centimes, se rafraîchit la figure et les mains
avec des serviettes trempées dans l'eau bouillante et encore pleines de vapeur. C'est l'égalité
dans un certain confortable et dans une certaine
propreté : voilà qui est extraordinaire sur les
chemins de fer chinois, si l'on excepte ceux
de la Mandchourie qui relèvent des Japonais.
C'est en cette province du Kiangsou que le
peuple est le mieux élevé selon nos habitudes.
En première classe il n'y a que des étrangers,
— pas toujours aussi convenables d'aspect
que certains voyageurs de troisième, — de
gros personnages japonais et quelques Chi-

nois considérables ; en tout, peu de monde.

Ce train de famille, où l'on cause avec l'un
et avec l'autre sur un ton d'amabilité souriante,
traverse un des plus délicieux pays de la Chine,
une vaste plaine abondamment arrosée. La
campagne est verte des blés tendres à peine
sortis de terre ; les bois sont embrumés, et ces
paysages de matin et de printemps ont la fraîcheur des toiles de Corot. Le train longe la
longue muraille de Soutcheo la jolie, dont on
ne voit que la tour derrière une grisaille de
pierres crénelées.

Ce ne sont partout que canaux fertilisant de
leur eau limpide cette campagne dont certains
coins d'intimité avec leurs arbustes font songer
à Bruges. Les barques chargées de travailleurs
aux vêtements bleus glissent par les champs
sur l'eau verte à peine courante, et sous le ciel
bleuté, dans cette atmosphère douce et paisible, ce spectacle d'activité régulière en pays
de révolution, tout près de la capitale nouvelle,
mérite de retenir l'attention. La richesse ou
tout au moins l'aisance règnent ici, quoique les
tombes ancestrales occupent de leurs monti-
cules une grande portion de la terre labourable ;
c'est un terroir bien différent des sables qui
avoisinent Péking, landes desséchées par le vent
jaune de Mongolie et dont le climat extrême,
hiver comme été, est inclément et rigoureux.

Les femmes qui voyagent sont, au Kiangsou,
plus nombreuses que dans le Nord ; le visage
régulier de ces beautés, réputées dans toute la
Chine, ne manque pas de finesse ; malheureusement il s'alourdit aujourd'hui, chez les jeunes
femmes, de vilaines grosses lunettes, noires
ou bleues, qui s'accordent mal avec l'élégance
de leurs tuniques soyeuses. Quelques maigri-
chonnes portent la capote noire des soldats et
enferment leur chignon sous la casquette militaire : ce sont les amazones à pied de la révolution.

Il n'est pas encore vrai que tout le monde
soit sans nattes, mais, pour peu que les Cantonais répètent souvent l'opération du *tipitze*
(couper les queues) que j'ai vu pratiquer, dans
un train, par un officier et un soldat, le phénomène se généralisera. Ces deux exécuteurs
en uniforme, contrôleurs d'un nouveau genre,
montés à l'extrémité du train, allaient à l'autre
bout, après avoir haché de leurs petits ciseaux
toutes les queues, même les mieux cachées. Ils
faisaient lever le couvre-chef sous lequel souvent une mince natte de vieillard s'enroulait
autour de la tête, et personne n'échappait à
l'opération. Les patients ne disaient mot, les
autres riaient ; seul, un vieux, le jour où j'as-
sistai à ce spectacle et vis tomber plus de vingt
nattes, résista et fit scandale en ameutant tous

8

les passagers du train dans son wagon. Il se
défendit, alléguant qu'à la campagne où il habitait, personne n'avait subi cette mutilation,
tant et si bien que l'officier, fort en colère, s'en
alla.

Aux petites gares, presque tous les paysans
portent encore la natte épaisse. J'ai remarqué à
Changhaï que les agents de police ont conservé
leurs longues queues; mais à Nanking, où, depuis plus de deux mois, les soldats venus de
Canton font du zèle, on rencontre en abondance de pauvres hères dont la chevelure,
tombant seulement jusqu'à la nuque, encadre
de noir la face terne et osseuse. Les misérables
tireurs de pousse-pousse qui peinent le long
des routes de Nanking, où ne circulent que
deux automobiles introduites par le président
Souen et son ami Hoang-sing, ministre de la
Guerre, — ces pauvres diables ont, depuis le
tipitze, un aspect fantomatique qui aurait tenté
Gustave Doré.

Les vieux surtout, depuis qu'ils ont perdu
leur appendice, ont un air entendu tout à fait
drôle et ridicule; cet air et leur suffisance, et
les taches de leurs habits, et l'assurance im-
perturbable de leur langage, en voilà assez pour
justifier le dégoût qu'ils inspirent à quelques-
uns de nous; aussi trouve-t-on que Souen-Wen,
le président, n'en est que plus estimable de
travailler pour des gens si misérables, si con-

tents d'eux-mêmes, et qui ne ressemblent pas
encore à des citoyens égaux d'une république,
même en cette province où se rencontrent les
meilleurs sujets de la Chine.

Parmi ces gens, combien se donneraient
quelque peine ou feraient un effort désintéressé
pour aider le noble esprit qui tâche de faire
triompher les idées démocratiques dans un pays
si passivement et naturellement soumis à l'autorité des mandarins traditionnels? Combien de
ces gens sont simplement fats, mal élevés, sans
souci de grandeur et encore moins d'héroïsme,
même passager! Parmi ces soldats de l'armée
nationale, à qui la République a donné des
hautes payes, des habits neufs, et trop de li-
cence, beaucoup, demain, refuseront de rentrer
chez eux et pour peu que tarde la reconnaissance du nouvel État par les puissances, ils
seront les pires adversaires du nouveau régime!

Dans notre train, ils sont là quelques soldats,
assez bons enfants, qui vous disent que les dix
dollars qu'ils reçoivent, depuis plus d'un mois,
pour ne rien faire, sinon manger et jouer dans
les casernements confortables des temples, des
écoles, des bâtiments officiels, ne leur suffisent
pas. Et pourtant, avant la révolution, ils ne ga-
gnaient pas la moitié de cette aubaine régulière, et ils n'avaient pas les mêmes occasions
de piller!

Tout ce monde ne paraît guère fait pour user
de la liberté; l'ancienne manière forte sera
nécessaire à la République. On songe avec tris-
tesse qu'il suffirait que quelques têtes, admirables en dépit de leur inexpérience, fussent à
cette heure supprimées, et c'en serait fait du
mouvement républicain qui n'a pas de racines
populaires. Ce peuple mou manque de persé-
vérance dans les grandes entreprises, lui qui en
a tant dans les petites; le sort de la République
reste précaire; l'intransigeance des Cantonais
peut seule l'assurer au milieu des jalousies des
différentes provinces.

Faute de maîtrise personnelle, et surtout
faute de discipline dans le pays, Souen-Wen,
si près du but après un si bel effort et un si
rapide succès, ne risque-t-il pas d'être obligé
de passer la main à Yuan en faveur de qui il a
démissionné de son titre de président de la République? Si Nanking ne cède pas à l'homme
d'énergie qui est à Péking, ne s'expose-t-on
pas à un long interrègne d'anarchie où se per-
drait tout ce qu'on a gagné jusqu'ici? Autant de
réflexions que le voyage à Nanking provoque.

*
* *

Encore quelques collines surmontées d'une
tour qui s'estompe joliment dans le brouillard,
et voici les murailles de la vieille capitale. Le

train stoppe hors la ville, à Shiakoan, dans un faubourg assez grouillant et mal famé, non loin du port où stationnent des croiseurs de toutes nationalités et des transports chinois, sur lesquels arrivent ou partent constamment des jeunes soldats de la République, bien qu'on ne se batte plus nulle part depuis le début de décembre.

De l'autre côté du fleuve, c'est Poukeo, la tête de ligne du chemin de fer qui conduit au nord, par Tsinanfou, à Tientsin. Les uniformes, de couleurs variées selon les provinces, kakis ou gris verdâtre, ou bleu foncé ou noir, les chefs aux dorures vives encombrent les rues du faubourg. C'est la vraie petite ville de garnison, chose inaccoutumée en Chine, et tous ces uniformes neufs aux écussons de couleurs tendres, rose particulièrement, sont les nouvelles recrues de la République. Partout flotte le nouveau drapeau aux cinq couleurs, rouge, jaune, bleu, blanc, noir; devant certaines portes, où logent des soldats, le drapeau national s'entre-croise avec celui de l'armée, grosse étoile noire, dont chacune des neuf pointes s'orne d'un rond jaune ou blanc, le tout sur fond rouge; beaucoup de jeunes gens, et même des fillettes, portent le brassard de la Croix-Rouge et, au chapeau, des cocardes argentées et des rubans aux cinq couleurs. Partout des décorations; c'est la fête.

L'Empereur par décret a abandonné le pouvoir
le 12 et c'est demain 15 février que Souen-Wen,
en grande pompe, célébrera l'union du Nord et
du Sud.

Voici de petits soldats de Canton qui viennent
d'arriver par bateau et seront de parade demain. Leur équipement est tout neuf ; les souliers sur le sac n'ont pas encore servi ; dans le
sac ils portent un peu de linge blanc. Tous ces
gamins d'à peine vingt ans ont l'air souffre-
teux sous des fourrures, que, de leur vie, dans
leur pays du Sud, ils n'ont jamais connues ou
du moins utilisées. Tous causent gentiment et
vous assurent qu'ils partent pour le Nord. De
fortes filles replètes, aux vives couleurs, vont et
viennent parmi eux, avec des fleurs dans les
cheveux et, sur le sein gauche, des tubéreuses.
Les recrues ont chacune cent vingt cartouches
et touchent presque un franc par jour, une fortune pour beaucoup et qui tente !

La superficie de la ville est plus considérable
que celle de Paris ; on y entre par un petit
train qui fait l'office de tramway. A l'intérieur
de l'immense enceinte, comme en pleine campagne, des champs bien cultivés, des bois de
bambous très touffus, des étangs, de longues
avenues plantées de saules. Voici les consulats,
japonais, allemand, anglais, américain, avec
leur mât de pavillon, constructions neuves à
lourdes arcades ; et plus loin les blancs bâti-

ments éphémères de l'Exposition de 1910, où
sont installés les soldats des provinces de
Kiangsi et Koangsi. Des caisses cachetées sont
portées par des coolies sur des bambous
flexibles : c'est plus de cinq cent mille francs
de billets que le gouvernement républicain émet
pour payer ses troupiers ; de misérables voitures attelées de maigres haridelles vous demandent des prix fantastiques pour la moindre
course et baissent tout de suite des trois quarts
si l'on discute.

Nous arrivons à la « station du président »,
devant l'ancien yamen du vice-roi du Kiangnan ; c'est au cœur de la ville du Nord, aux
vastes espaces libres, aux nombreuses bâtisses
européennes, écoles officielles ou œuvres américaines qui abondent en cette cité. A l'est, il y
avait autrefois la ville tartare et le yamen su-
perbe du maréchal Tie-liang ; mais depuis le
pillage des premiers jours de décembre par les
troupes révolutionnaires entrées en ville le 3, ce
ne sont plus que tuiles et pierres amoncelées !
Au sud, la ville chinoise est active et affairée ;
tout le long des étroites rues dallées qu'encombrent les passants et les ânes en files, ce ne sont
que boutiques aux étalages ininterrompus.

Au nord-est, hors de Tchaoyangmen, à flanc
de coteau, s'étagent les sépultures impériales
des Ming. Auprès du tombeau de Hongou, le
fondateur de la dynastie, Souen-Wen, dès son

arrivée à Nanking, alla jurer fidélité à la constitution républicaine. Son principal effort était
alors de détrôner la dynastie tartare des Tsing.
Le 15 février, trois jours après la publication
des décrets d'abdication, il vint à ces tombeaux
faire brûler des parfums et présenter des mets.
La cérémonie, dans le cadre des monts et des
eaux qui s'épandent à l'entour, fut célébrée devant plusieurs milliers de soldats, tous les
fonctionnaires et même les étrangers. Ce geste
de patriotisme et de tradition, d'amour du sol
et de rattachement aux ancêtres, fait par le chef
de la révolution qui a passé la plus grande part
de sa vie à l'étranger, ce geste n'est pas parmi
les moins mémorables et joyeux du jeune régime.

L'après-midi, en son vaste yamen de plus de
douze cents chambres, Souen-Wen, qui venait
de démissionner en faveur de Yuan Chi-kai,
célébra avec son entourage, le triomphe de la
République. Les soldats disaient partout avec
allégresse qu'aujourd'hui on buvait du vin.
Tous les jeunes ministres ou vice-ministres,
gens de Canton ou du Houpé, pour la plupart,
qui autrefois, à l'étranger, avaient reçu Souen-
Wen à leur table d'étudiants, et qui, maintenant, travaillaient autour de lui, tout ce petit
personnel, ce jour-là, dans des appartements
improvisés, s'épanouissait en buvant, après le
manger sobre, composé, à la chinoise, de riz,

de poisson, d'œufs et de légumes... Et cependant si Yuan n'acceptait pas de venir à Nanking et restait à Péking avec des bureaux déjà fournis de personnel, c'était la fin des espoirs de ce petit monde. Aussi le lendemain quelques-uns essayèrent-ils de chambrer Souen sous prétexte que le président était très occupé. Ils semblaient redouter que quelque chose de leur maître si accessible à tous ne leur échappât à cette heure.

Le même jour encore, à trois heures de l'après-midi, les représentants des dix-sept provinces, à raison de trois par province, votèrent pour élire, à la place de Souen, un nouveau président ; ils donnèrent quatre voix au premier tour au général Liyuanhong de Wout'chang, initiateur de la rébellion, puis au second tour se déclarèrent à l'unanimité pour Yuan Chi-kai. Ils accomplissaient les vœux de Souen-Wen, mais ces délégués du peuple manifestèrent leur indépendance en choisissant Péking pour capitale, bien que Souen eût déclaré que sa démission ne devait pas être une raison pour retirer le titre de capitale à Nanking. Il ne remarquait pas que désormais Péking était devenu plus libre et plus sûr qu'au temps où Nanking avait été choisi. C'est à partir de ce moment que des tiraillements entre Souen et le parlement de Nanking ont commencé de se manifester. Une délégation du gouvernement

de Nanking a quitté Changhaï le 21 février,
pour aller chercher à Péking Yuan et les archives, et revenir dans le Sud installer le gouvernement de la république. Le rôle de Nanking et des hommes qui y siègèrent fut assez
important pour que l'histoire enregistre comment la révolution entra en ville.

* * *

Lors de la révolte, les autorités de Nanking
ne se montrèrent pas disposées à céder. Le
vice-roi et le maréchal tartare restèrent à leur
poste jusqu'à la veille du jour où les assiégeants y entrèrent, et le général Tchang-siun,
au lieu de céder la place au général Siu révolté,
opposa à la rébellion une résistance vigoureuse
pendant vingt-trois jours, du 8 novembre au
2 décembre. Nanking n'était pas une ville ga-
gnée d'avance à la révolution ; ce fut une véritable conquête de l'armée révolutionnaire,
presque la seule.

Quand éclata la révolte militaire de Wout'-
chang, qui mit en fuite l'autorité civile, il y
avait à Nanking 5.000 Tartares — 2.000 bien
armés — sous les ordres directs du maréchal tartare Tie-liang et une division, soit
10.000 hommes, d'ancienne armée, c'est-à-dire
de soldats vêtus de casaques rouges et de tur-
bans, avec de grands caractères chinois cousus

sur le ventre et sur le dos. Ils avaient encore
les grands instruments de musique, aux tubes
longs de deux mètres, les étendards et les
fanions multiples. Armés d'excellents fusils
et de bons canons, ces 10.000 hommes de
troupes que le général Tchang-siun avait sous
la main, tant à Nanking qu'à Poukeo, sur l'autre
rive du fleuve, n'avaient aucune tactique ni
formation de manœuvre ; mais Tchang-siun
pouvait renforcer cette division d'anciennes
troupes de 10.000 recrues levées récemment au
nord du Kiangsou, dans la région de Sutcheo.
Enfin, il restait encore à Nanking, mais sous
les ordres du général Siu, une division de
troupes modernes, soit 10.000 hommes bien
armés, et bien dressés par des officiers sortis,
pour la plupart, des écoles militaires de Yuan
Chi-kai à Paoting-fou, et eux-mêmes élèves d'ins-
tructeurs allemands ou japonais. Cette nouvelle
armée chinoise, composée des mêmes éléments
que la vieille, était mieux exercée aux manœuvres étrangères. Une brigade de cette 9ᵉ division
tenait garnison à Nanking, l'autre à quelque distance, dans la ville de Tchinkiang.

Le général Siu était depuis trois ans à Nanking ; d'abord lettré du Houpé, il était devenu
militaire dans l'entourage de Yuan Chi-kai dont
il avait été jadis le secrétaire. L'autre général,
Tchang-siun, vieil impérialiste qui commandait
les vieilles troupes, est un pur Chinois ancien

régime. Il est né à Nantchang dans la province
du Kiangsi et fut aubergiste autrefois à Péking.
Quand l'impératrice dut décamper de la capitale en 1900, c'est lui qui procura les chars, et
il suivit la Cour à Singanfou. Tchang-siun
était, en octobre 1911, généralissime à Nanking;
mais le général Siu, commandant des troupes
indépendantes, ne dépendait que du vice-roi.

Quand, au milieu d'octobre, on apprit à
Nanking ce qui venait de se passer à la 8ᵉ division de Wout'chang, la 9ᵉ s'agita et les officiers semblèrent ainsi disposés à suivre le
mouvement. Les autorités songèrent d'abord à
désarmer les troupes, selon le procédé ordinaire, mais les soldats dirent qu'ils ne se lais-
seraient pas faire, qu'on voulait les tuer comme
des moutons et qu'ils ne rendraient ni munitions ni fusils. Le mois d'octobre s'acheva sans
trouble, bien qu'il y eut dans la rue de fréquentes disputes entre les soldats ancien et
nouveau régime, qui souvent, quoique jeunes
gens des mêmes villages, se menaçaient: pour
ceux qui étaient embrigadés dans les troupes
nouvelles, le *Sintiun*, le mot d'ordre était:
Mort aux Mandchous! c'est-à-dire guerre aux
soldats des vieilles troupes, le *Laotiun*.

Pour en finir avec ces rixes, la brigade du
général Siu reçut l'ordre, fin octobre, de quitter
Nanking avec armes et bagages, mais sans
munitions, pour aller à 70 *lis* au sud de la ville,

à Moulinkoan. C'était pour purger le pays des brigands, disait-on. Les 5.000 mécontents restèrent là dix jours ; en secret, ils envoyèrent des émissaires pour s'entendre avec Liyuenhong à Wout'chang. Changhaï, à ce moment, avec son arsenal, passa aux révolutionnaires et promit, ainsi que Wout'chang, le renfort et les munitions qui manquaient au général Siu.

Le 8 novembre, sûrs que les munitions attendues et promises de Changhaï allaient arriver, les troupes de Siu marchèrent sur Nanking, persuadées qu'elles y entreraient facilement. Mais les munitions n'étant pas arrivées, les assaillants avaient seulement chacun cinq cartouches. Malgré tout, ils attaquèrent, croyant bien qu'à l'intérieur de la ville tout le monde lâcherait. La nuit du 7 au 8 il y avait eu en ville une émeute, que Tchang-siun avait réprimée vigoureusement. Cent ou deux cents révolutionnaires, munis de bombes, la nuit, vers deux heures du matin, étaient allés à la prison militaire et avaient ouvert les portes. Ils s'étaient adjoints les prisonniers des deux sous-préfectures, tous habillés de rouge vinasse selon l'uniforme des prisons chinoises.

Avant le jour tout ce monde avait envahi les postes de police, avait pris les fusils et les habits des cinq ou six cents policiers ; le drapeau blanc de la révolte avait été hissé sur les résidences des sous-préfets, par ordre de ces

fonctionnaires. Ce matin-là, sur tous les murs
de la ville on avait placardé une proclamation
républicaine signée par le général Siu, et les
sous-préfets couards croyaient que « c'était
arrivé ». Siu disait qu'il venait installer la
république et qu'il garantissait la paix. Cette
tactique révolutionnaire par affiches a été employée maintes fois au cours de la révolution
chinoise et maints consuls même s'y sont
laissé prendre. Siu n'entra pas dans la ville,
mais toutes les autorités en sortirent : préfet,
sous-préfets, intendants, trésorier, grand juge,
directeur de l'enseignement. On ne les vit plus
au cours du siège qui suivit ; on ne les a pas
revus.

Vers cinq heures du matin, les cinq cents,
qui se croyaient déjà maîtres de la situation en
ville, se dirigèrent vers le yamen du vice-roi.
Il était bondé d'un millier de soldats, mais on
les croyait tous révolutionnaires. Tchang-siun
s'y trouva avec ses troupes, bien armées et
fidèles, et il résista. Ce fut un massacre : les
partisans de la cause républicaine périrent et
toute la journée par la ville on fit la chasse
aux révolutionnaires, coupant la tête à tous
ceux qui avaient coupé leur tresse. Deux cents
Chinois sans queue furent ainsi tués, mais il
faut bien noter qu'il n'y avait pas un seul
Mandchou parmi ceux qui se livraient à ces
violences. A Nanking, jamais les Tartares n'ont

été au feu, ni en ville ni à la campagne ; ils
allèrent seulement aux remparts ; et les massacres de Chinois sans queue qu'on leur a
reprochés sont l'œuvre des soldats de Tchang-
siun. La ruine de la ville tartare à laquelle se
livrèrent plus tard les révolutionnaires après
leur entrée en ville, ne peut passer pour une
représaille, puisque les Tartares à Nanking
n'avaient massacré personne. Au nombre de
2 à 3.000 armés, soldats depuis l'âge de
quinze ans, ils firent leur devoir jusqu'au bout
en gardant le yamen du maréchal tartare.

Le 8 novembre au matin, les prisons avaient
été ouvertes, les yamens s'étaient vidés et
l'hôtel particulier de Tchang-siun avait été
attaqué ; beaucoup de bombes y avaient été
lancées de la rue, mais au seul détriment de
ceux qui les jetaient. La révolution n'était pas
victorieuse. Hors des murs c'était une journée
néfaste pour la République. La brigade du général Siu pensant entrer facilement en ville,
tous les soldats avaient mis le brassard blanc
de la révolte ; ils disaient qu'ils coucheraient
le soir dans leurs casernes, derrière le yamen
du vice-roi, près de l'ancienne exposition ; ils
trouvèrent les portes fermées et ouvrirent le
feu avec leurs cinq cartouches par homme, à
8 heures du soir. Des murs, on tira pendant
une moitié de la nuit ; les grosses pièces et les
mitrailleuses donnèrent ; la fusillade fut parti-

culièrement nourrie du haut de la « terrasse
des fleurs de la pluie, Yuhoatai », au sud. Ce
fut le carnage : la plupart des assaillants s'épar-
pillèrent. Il resta sous les murs deux cents tués
ou blessés.

Le général Siu aussitôt prit un bateau le 9
pour Tchinkiang, et avec son autre brigade qui
était là, intacte, il reforma sa division, et ren-
forcé de la division entière du Tchekiang, —
10.000 hommes venus de Hangtcheo, — maître
désormais de deux divisions, il se disposa à
marcher sur Nanking. C'est le 2 décembre que
les troupes y entrèrent. Les portes étaient fermées depuis vingt-trois jours, depuis le 8 novembre.

* *
*

Durant toute cette période de siège, la ville
fut aux mains de Tchang-siun qui sut y maintenir l'ordre. Chaque soir on sonnait l'appel
aux remparts et tous les hommes y passaient
la nuit à veiller ; comme il n'y avait pas de
relève, les défenseurs furent vite harassés,
mais il n'y eut pas un acte d'indiscipline. Tous
les jours les portes étaient ouvertes deux heures
pour expulser les fainéants et les bouches vaines.
L'exode avait commencé dès le début du siège ;
la foule s'entassait dans le faubourg de Shia-Koan
près du fleuve ; on payait quinze dollars des

billets de passage pour Changhaï. Les cinq ou
six derniers jours, ce fut l'affolement.

Les Européens furent toujours très respectés.
Les femmes des fonctionnaires des services
impériaux, postes ou douanes, étaient parties,
ainsi que les femmes des missionnaires américains ; il ne restait que deux docteurs, quelques
professeurs et trois ministres, en tout dix personnes, au lieu d'une centaine qui, d'habitude,
vivent dans les établissements protestants de
Nanking ; il y avait encore, outre les consuls et
beaucoup de Japonais, deux Écossais, un Canadien et le P. Gain, jésuite français de la mission catholique. Le consul japonais et tous
les marchands japonais qui se groupaient autour de lui étaient très surveillés par les Américains. Le vice-roi et le maréchal Tie-liang
changeaient de lit et de demeure plusieurs fois
par nuit, se réfugiant de préférence au consulat japonais où ils s'estimaient plus sûrement
à l'abri.

Le fort du Tigre au nord de la ville céda le
premier sans résistance, vers le 25 novembre.
Des troupes envoyées par Tchang-siun pour
reprendre Tchinkiang, passèrent à l'ennemi.
Le fort du mont Lion, qui domine la ville près
de la gare, répondait au bombardement des
batteries du mont Tigre. Toutefois les projec-
tiles n'étaient guère dirigés que contre les
murailles, jamais dans l'intérieur de la ville.

9

Le mont Tigre, à deux kilomètres de distance, ne visa que trois fois le « kiosque de l'extrême nord, Pétiko », colline surmontée d'une pagode où, justement, les autorités étaient à boire quand y arriva un des deux boulets qui atteignirent juste. Le 30 novembre, de la « montagne violet or, Tsekingchan », qui est près des tombes impériales, les rebelles tirèrent sur les forts voisins qui furent tous évacués le 2 décembre. Les troupes entrèrent en ville le 3. Le 30, le vice-consul américain, M. Gilbert, le vieux docteur canadien établi depuis vingt ans dans la cité, et le président de l'Université américaine, M. Bowen, étaient allés, précédés du drapeau américain et de la bannière de la Croix-Rouge, négocier avec un général subalterne afin que Tchang-siun et une escorte de 200 hommes eussent un sauf-conduit pour sortir de la ville ; ils n'avaient pu obtenir la sortie en armes de toutes les troupes avec les honneurs de la guerre.

La nuit du 1er au 2 décembre, Tchang-siun, ainsi protégé, sortit par la porte du sud et fila vers le fleuve pour passer sur la rive gauche à Poukeo. Aucun de ses soldats ne traversa avec lui, excepté son escorte et encore sans les chevaux, car les sentinelles, qui n'avaient pas été prévenues, les arrêtèrent au moment de l'embarquement sur les *sampans*. La cavalerie fut abandonnée sur la berge. Les troupes que

commanda ce général dans la suite étaient ses
5.000 hommes de Poukeo, les meilleures, celles
qui n'avaient pas donné pendant le siège et
qu'il emmena avec lui au nord.

N'ayant pu rassembler ses soldats, le général réunit du moins, à Poukeo, tous les wagons
et les locomotives qu'il put trouver, chargea
un wagon entier de dollars et fila jusqu'à
Tchoutcheo au nord, puis à Linghoaikoan où
il établit son quartier général : à Nanking,
parmi les républicains on n'en finissait pas de
s'organiser. Enfin on le poursuivit jusqu'à Sutcheo ; il ne commença de résister qu'au nord
de la rivière Hoai. Entre Nanking et la rivière,
il n'y eut pas de combat.

Cette même nuit, le vice-roi et Tie-liang
étaient partis du consulat japonais et avaient
fui par la porte d'eau de l'ouest. Les officiers
ayant suivi Tchang-siun, cette nuit-là, de grands
pillages eurent lieu en ville. Ce fut un désordre sans pareil. Les soldats restés seuls ne
massacraient pas : ils prenaient tout ce qu'ils
pouvaient. A l'aurore, la garde nationale fusilla
tous ceux qui avaient été arrêtés avec du butin.

Entre neuf et onze heures du matin, le 2 décembre, les premières troupes républicaines
entrèrent en bon ordre dans la ville, ayant à
leur tête les soldats mêmes que Tchang-siun
avait envoyés pour les combattre. Le général
Siu, malade et fatigué, ne fit pas son entrée

ce jour-là ; il fut remplacé par son lieutenant Ling, en qui il avait toute confiance et qui depuis un mois s'était distingué avec les troupes de Tchinkiang. Ling, simple chef de camp et officier subalterne quinze jours auparavant, alla s'installer au yamen du vice-roi. Ses troupes prirent tranquillement leurs quartiers tout l'après-midi, et c'est le lendemain seulement, le 3 décembre, qu'eut lieu la honteuse journée révolutionnaire, la ruine de la cité tartare de Nanking. Désormais, pendant un mois, jusqu'à l'arrivée du président Souen-Wen, le régime républicain, ou plutôt la loi martiale, sévit à Nanking.

*
* *

La période du gouvernement militaire n'est guère à l'honneur des révolutionnaires.

Elle commence par l'effroyable journée du 3 décembre dans la ville tartare. Les soldats de Ling se précipitaient au pillage au cri de : « *Pao han, mie man !* » Vivent les Chinois, mort aux Tartares ! Magnifiques fourrures, beaux habits de soie, parures d'or et d'argent, ils faisaient main basse sur tout. On dit que beaucoup de femmes et de filles se jetèrent dans les puits. Des Tartares mirent eux-mêmes le feu à leur maison pour échapper à la honte ; on ne tuait toutefois que ceux qui résistaient ; on se contentait de voler et de brûler la maison vidée. Quand l'opération était finie, tout le butin était porté aux monts-de-piété qui recevaient des richesses pour quelques dollars. Et ainsi, ces établissements regagnaient au centuple les sommes qu'ils avaient dû verser aux troupes quand elles avaient quitté la ville à la fin d'octobre. Des groupes de soldats dépêchèrent l'un d'eux à Changhaï pour vendre leur butin et se partagèrent l'argent : beaucoup portèrent à leurs doigts des bagues d'or, et chargèrent les filles de perles et de bracelets. Cela dura jusqu'à ce qu'il ne restât plus que des décombres de tout ce quartier tartare. On pillait tous les beaux hôtels que les propriétaires, soupçonnés d'être impérialistes, avaient fermés avant d'émigrer à Changhaï ; on ne vidait pas les maisons occupées, mais on en menaçait les riches habitants. Le plus fortuné de la ville était un mahométan, M. Ma : dès le 3 décembre, on envoya une garde de cent soldats à sa porte. Il comprit et offrit aussitôt un *wan*, soit vingt-cinq mille francs environ ; le lendemain on découvrit une seconde porte à garder et il versa un second *wan :* on trouva quatre portes et il dut verser plus de 100.000 francs, puis on lui retira ces hommes de garde et il dut repayer pour les obtenir.

Si les Japonais et les Américains s'étaient entendus, peut-être les étrangers eussent-ils pu

jouer à Nanking le rôle que tint la mission
catholique à Kingtcheo, au Houpé, où la ville
tartare fut épargnée grâce à un Père belge qui
négocia une reddition : les Tartares remet-
taient leurs fusils aux républicains contre
dix dollars pièce, et tout était fini. Si une telle
transaction avait pu intervenir à Nanking,
l'admirable palais du maréchal ainsi que la
ville tartare subsisteraient encore, et de nombreuses atrocités eussent été évitées.

Tandis que ses soldats se conduisaient
ainsi, Ling trouvait au trésor provincial des
caisses prêtes à être envoyées à Péking pour servir à la réforme financière : elles contenaient
600.000 dollars, soit un million et demi de
francs ; il se les appropria, et comme il y avait
au port une douzaine de navires de l'escadre du
Fokien, sa province d'origine, il en dépêcha
quelques-uns pour porter les précieuses caisses
dans sa famille. Il gorgea ses propres soldats
d'argent et de munitions, car il en restait de si
grandes réserves qu'on eût pu facilement soutenir le siège encore longtemps. Ling s'était
constitué une garde tout à fait dangereuse, et,
bien que vivement attaqué pour s'être ainsi
installé en maître et approprié personnellement
les deniers publics, il était fort redoutable. Il
acheta certaine presse de Changhaï qui, bien
que républicaine, le défendit en insistant sur
ses qualités. Mais, ayant vu un de ses secré-

taires, Tao, arrêté à Changhaï avec des caisses compromettantes et fusillé sur-le-champ, Ling se retira dans sa famille.

Il fut remplacé dans les fonctions de gouverneur par M. Tseng. La situation était devenue si difficile à Nanking que celui-ci appela, pour l'assister, le conseiller Ma. Agé de 72 ans, c'est une des plus nobles figures de la Chine républicaine, un homme à qui ses voyages en Europe et en Amérique ont bien fait comprendre les institutions républicaines et leur avenir en Chine. Quoiqu'il n'eût pas accepté les situations officielles qu'on lui offrait, Ma avait le sceau de M. Tseng et chaque matin il allait au yamen régler les affaires. Vers Noël, Tseng alla à Changhaï, à la rencontre de Souen-Wen et quand celui-ci fut élu président, il fut du ministère composé à Changhaï, où il resta. Ce fut un homme de la province même, M. Tchoang, naguère intendant au Koangsi, qui occupa la place vacante, mais M. Ma continua de s'occuper des affaires.

Dans la ville la situation devenait de plus en plus difficile. Il y eut un moment cinquante mille hommes de troupes et toute une séquelle de filles. Ce n'étaient que viols, désordres, incendies. Les commerçants demandaient qu'on débarrassât la cité de ce fléau; et pour les satisfaire on dirigea ces pillards sur Péking. Parmi ces soldats de la révolution, c'était

l'anarchie : il y avait autant d'états-majors que
de contingents provinciaux. Le ministre de la
Guerre, Hoangsing, arrivé en hâte, ne sut rien
organiser et ne réussit même pas à se faire
obéir.

Les soldats, entrés en piteux état au lendemain du siège, petit à petit avaient été rha-
billés à neuf. Ils entendaient ne plus rien faire
désormais; ils ne voulaient même plus monter
la garde. Pendant trois semaines, de nouveaux
soldats arrivèrent à Nanking, point de concentration de toutes les troupes révolutionnaires,
et, comme on ne pouvait organiser de trains,
puisque Tchang-siun avait emmené avec lui
tout le matériel du chemin de fer, on fit venir
des locomotives du Tchekiang pour transporter
les hommes au nord.

La Croix-Rouge chinoise était aussi un élément de trouble. Comme elle n'acceptait que les
soldats blessés, elle n'avait pas grand travail à
Nanking. Chaque province avait envoyé son es-
couade de docteurs, instruits au Japon, mais ces
infirmiers bardés d'emblèmes s'amusaient. Ils
étaient payés par de bonnes œuvres chinoises ou
vivaient sans traitement. L'intendance militaire,
elle aussi, manquait d'organisation.

A ce moment, comme Yuan Chi-kai à Péking,
Outingfang à Changhaï, représentant le Trône
et la révolution, étaient d'accord pour faire la
paix, Tang-chaoyi fut délégué pour la négo-

cier. Les officiers de Nanking, au contraire, ne
rêvaient que batailles. Ce n'étaient que cris
de : « A Péking, à Péking ! » poussés par les
« brave-la-mort », les *pou pa seu*. Alors, le
Tcheli, le Honan, le Chantong, le Nganhoei,
une grosse part du Kiangsou, tout le nord du
Fleuve Bleu, y compris Poukeo et Hankeo
étaient impérialistes. Les républicains ne tenaient que le Sud ; les officiers voulaient aller
de l'avant et Nanking souhaitait de se débarrasser de la soldatesque. Trois corps d'armée furent formés, l'un à Hankeo, l'autre à
Changhaï ; un troisième devait partir directement de Nanking pour le Nord. Celui de
Changhaï alla à Tchefou et à Tchingwangtao
par mer, et il y eut alors un accord secret, entre
les partis qui avaient négocié l'armistice, pour
laisser les hommes se battre à Sutcheofou, au
Chansi et à Hanyang. Le conseil donné en
haut lieu était : défense de se battre, excepté si
on ne peut plus avoir la paix avec des gens qui
veulent se battre absolument. C'est ainsi qu'à
Koutchengk'iao les soldats de Canton furent
rossés à plate couture, par Tchang-siun ; le
lendemain, les soldats du Tchekiang et du
Kiangsou prirent une revanche. Les Cantonais,
calmés, rentrèrent tous à Nanking et furent
logés dans de bonnes maisons par ordre du
ministre de la Guerre qui est de leur province.

Des troupes fraîches de tous les pays arrivèrent chaque jour à Nanking, où la situation menaça longtemps de redevenir aussi mauvaise qu'elle fut en décembre. L'entretien des soldats coûta cher. Canton ne remettait d'argent que pour trois mois aux recrues qu'il envoyait; le Kiangsou versa plus de douze millions, et, si riche que soit ce pays, il ne paraissait pas disposé à payer plus longtemps la note du gouvernement républicain dont les mesures financières étaient loin d'être approuvées par les plus sages républicains du pays.

*
* *

Des délégués de toutes les provinces, hormis le Kansou, avaient été envoyés à Nanking par les chefs militaires. du gouvernement révolutionnaire, à raison de trois députés par province. Ce parlement siégeait déjà, à peu près ignoré, quand Souen-Wen arriva à Changhaï. L'apôtre infatigable de la révolution n'accepta qu'à son corps défendant d'être nommé premier président de la République chinoise. Il inaugura le régime républicain en distribuant par toute la ville les nouveaux drapeaux qui devaient remplacer les dragons impériaux, mais quel que fût son dévouement à la cause publique et son souci d'établir la république en versant le moins de sang possible, si sympathique que fût sa per-

sonne et si louables que fussent son énergie, sa
ténacité et son prompt esprit de décision, il
n'en fut pas moins surveillé de près par des
hommes qui se croyaient très forts, du moment
qu'on était en république, et qui n'entendaient
pas, eux représentants des dix-sept provinces
à Nanking, être au service du président.

Le premier essai du régime républicain dé-
buta par un manque de confiance entre le président et son Parlement. Souen-Wen ne parut
aux séances que trois fois. Dans les confortables bâtiments de l'Assemblée provinciale,
les quarante-cinq députés siégeaient au milieu
de la haute salle centrale. De leurs réunions
secrètes peu de nouvelles transpiraient. Sur
les murs de la ville étaient placardées des proclamations du gouvernement militaire, le général Siu, ou du gouverneur civil, le *toutou;*
mais on ne voyait point de proclamation de la
présidence de la République, hormis des
adresses générales aux puissances étrangères
qui n'étaient d'ailleurs en relations qu'avec
Yuan Chi-kai et le gouvernement de Péking.
Même les négociations entre les gouvernements
du Nord et du Sud ne se faisaient pas directement
entre Yuan et Souen, mais entre Yuan et Outingfang qui n'était pas à proprement parler le délégué du président, puisqu'il avait déjà ces fonctions au temps qu'il négociait avec Tang Chaoyi,
avant que Souen-Wen arrivât à Changhaï.

L'activité du président à Nanking au milieu d'un ministère de jeunes gens, dont tout le monde ne reconnaissait pas l'autorité, paraissait effacée. On disait vaguement que quelques-uns des membres les plus considérables du ministère républicain, des hommes d'expérience entrés dans la combinaison pour modérer les généreux élans de la jeunesse et de l'inexpérience, on disait que le ministre de l'Industrie, par exemple, n'était pas d'accord avec le président de Nanking et effectivement, deux jours avant la démission de celui-ci, le 15 février, après quarante-cinq jours de fonctions, lui-même avait offert sa retraite. On disait que le président prenait seul des mesures pour lesquelles il aurait dû consulter au moins les ministres compétents ; on lui reprochait d'avoir émis, ou laissé émettre, des billets militaires remboursables à trois mois, sans avoir préparé aucune réserve pour cette opération imprudente. Le Parlement faisait des remontrances au président, qui en souffrait. Des bruits circulaient touchant les relations de Souen avec les Japonais d'une part, les Américains de l'autre ; et quand il se retira le 15 février après avoir proclamé l'union du Nord et du Sud pour l'établissement d'une république stable, il était avéré que le président ne gouvernait pas avec son Parlement, soit qu'au fond il en contestât l'autorité qui n'émanait pas d'un mandat du peuple directe-

ment, soit qu'il estimât nécessaire, aux premiers temps de la République, d'agir avec
autorité, en maître sinon en dictateur.

Souen passait alors pour un organisateur
médiocre, un administrateur inexpérimenté ;
idéologue à la fois et excellent excitateur, cet
homme, animé des meilleures intentions, n'était
plus à sa place, la période révolutionnaire ter-
minée.

Souen se retira : Yuan Chi-kaï fut élu aussitôt
par le Parlement de Nanking président de la
République ; même, bien que dans un message
Souen invitât le Parlement à conserver Nanking
comme capitale, ce fut Péking qui eut d'abord
les préférences de tous les délégués, sauf ceux
de Canton, et ce n'est que sur une forte pression que la majorité changea d'avis.

On a fort commenté la conduite de l'ancien
président démissionnaire, envoyant une délégation de dix membres à Péking auprès de
Yuan Chi-kai, à la fois pour inviter le nouveau
président à venir prendre ses fonctions à Nanking et pour rapporter à la capitale du Sud les
archives des ministères : retiré simple citoyen,
il semblait vouloir toujours intervenir dans les
affaires de l'État et commander.

On ne peut rien préjuger de l'accord tacite
ou du désaccord qui put exister entre les deux
présidents ; mais pour la capitale, il n'est pas
douteux que ce fut un échec et pour Souen-Wen

et pour la République, qu'elle n'ait pas été transportée à Nanking, malgré l'effort des Cantonais. On céda, sous prétexte qu'il était opportun de surveiller de Péking les Mongols et les Mandchous, ou encore que le temps et l'argent manquaient pour bâtir de nouveaux ministères à Nanking, ou bien qu'il ne convenait guère de demander aux légations des Puissances étrangères de déménager, au moment où on sollicite un emprunt ; mais il n'en reste pas moins que Nanking a vu l'inauguration du régime républicain en Chine. Yuan, tout en employant du personnel sudiste dans ses bureaux, persista à ne pas venir à Nanking. Les Cantonais, dont beaucoup ne semblent avoir jamais eu grande confiance en Yuan comme républicain, tout en estimant que le nouveau régime ne sera pas définitif s'il ne commence pas par s'installer d'une manière stable dans une nouvelle capitale, n'insistèrent pas.

Quoi qu'il arrive, le rôle de Nanking, à l'origine de la République chinoise, n'en aura pas moins été très important, et l'antique et glorieuse cité peut redevenir la capitale d'une Chine moderne, sinon républicaine, riche, et tout à fait indépendante des pressions diplomatiques étrangères.

VIII

LA DERNIÈRE JOURNÉE DU PRÉSIDENT
SOUEN-WEN A NANKING

Nanking, 15 février 1912.

La journée du 15 février 1912 restera une date mémorable dans l'histoire de la révolution chinoise. Parmi les révolutionnaires aussi bien que parmi leurs adversaires, non moins républicains, mais plus modérés qu'eux, plus organisateurs que démolisseurs, on estime que c'est la fin de la révolution et l'avènement d'une république incontestée, incontestable, stable et définitive. Beaucoup de Japonais jugeaient au contraire que c'était le commencement des dissensions intestines, du désordre politique autant que matériel, de la révolution en un mot.

La journée du 15 à Nanking correspond à celle du 12 à Péking, jour de l'abdication où l'impératrice fit reconnaître le gouvernement républicain au jeune Empereur et remit à Yuan, pour apaiser le cœur du peuple, le soin d'organiser un régime républicain provisoire et de faire l'entente entre le Nord et le Sud. Mais, comme il convenait, la journée eut un éclat beaucoup plus triomphal au Sud qu'au Nord. A Nanking, on chanta victoire, on rendit grâce aux ancêtres, on se congratula entre militants. Le président Souen, les membres de l'Assemblée provisoire des dix-sept provinces, chacun eut son heure de parade ou d'action véritable, sa part de gloire ou de travail. Des quarante-cinq journées que dura la présidence de Souen-Wen à Nanking, aucune ne fut plus représentative, plus pleine, plus joyeuse, plus grosse de passé, et d'espoir peut-être aussi, que la célébration confuse du 15 février.

Elle commença par une grande cérémonie solennelle à la gloire de la patrie et à la mémoire de l'ancêtre du mouvement, Hongou, le fondateur de la dynastie des Ming. Patriotisme et traditionalisme sont les deux caractères de cette manifestation. A l'arrivée de Souen-Wen, le 2 janvier, il pleuvait à Nanking et l'entrée en ville, tard dans la soirée, n'avait pu avoir le caractère imposant d'une grande entrée en fonctions. Peu après, le gamin d'Honolulu, dans le Pacifique, qui avait fait ses études au collège anglais de Victoria à Hong-Kong et puis avait

couru le monde, était bien venu en grande et
grave pompe au tombeau de l'ancêtre des Ming
qui avait arraché aux Mongols Yuan pour la
rendre aux Chinois l'administration du pays. Il
avait bien, devant l'ancêtre, prêté serment de
détrôner la dynastie tartare des Tsin et de remettre au peuple chinois le gouvernement du
pays ; mais les temps étaient restés difficiles à
Nanking ; la ville était toujours menacée par les
dissensions intestines des soldats de la révolution ; et cette cérémonie initiale n'eut pas toute
la grandeur que prit la cérémonie finale de con-
sécration. Le président Souen n'avait pas donné
de fêtes ; on avait célébré en retard le 15 janvier,
parce qu'on n'avait pas pu fêter le 1er janvier ;
hors cela aucune réception n'avait eu lieu au
palais présidentiel, dans l'ancien yamen amé-
nagé du vice-roi dépossédé ; aucune parade,
rien n'avait été fait pour la gloire.

Mais aussi le 15, dès que la dépêche de Péking
était arrivée le 13 à Nanking, toutes les autorités locales, les membres du Parlement provisoire, 45 membres réduits à 25, représentant
17 provinces, les consuls japonais, américain,
anglais et allemand, tout ce qui avait quelque
autorité dans la ville avait été convoqué sur
les ruines, briques cassées et murs décrépits,
voûtes ébréchées qui constituent le pauvre tombeau des Ming, où la grandeur n'est plus que
dans le souvenir, et dans les lieux, au pied

10

d'un haut tertre planté d'arbres, entouré de
collines, dominant à la fois les eaux, la vaste
plaine grise de la terre à ce moment inculte, et
les constructions brunes des casernes, aux toits
de tôle rouge ondulée. On avait tendu quelques
guirlandes de branches d'épicéas piquées de
roses en papier, comme pour nos fêtes de village, et ces fraîcheurs masquaient la solide
voûte de pierre en marbre blanc avec sa grecque
et ses entrelacs. Quelques milliers des troupes
de la République, campées dans les écoles, dans
les pagodes, dans les anciens bâtiments de
l'Exposition, dans les tribunaux des fonctionnaires partis ou tués, sont là, et jusqu'au batail
lon des amazones qui constituent comme une
garde du corps dans la partie la plus intime du
palais, de construction européenne, où loge le
citoyen Souen ; il y a aussi les citoyens ministres ou vice-ministres, secrétaires ou employés, des étrangers, des Chinois du dehors
qui suivirent le chef de file derrière qui se dé-
roule la révolution. Tout ce monde habillé de
neuf, en beau drap à poil luisant, encore sans
taches, tous ces petits hommes du Sud, nerveux, guillerets sous le beau soleil, avaient une
bonne allure quand caracola devant eux le
groupe des hommes en kaki qu'ils ne distin-
guaient pas les uns des autres, mais parmi lesquels étaient le président Souen et le ministre
de la Guerre Hoangsing, le grand émeutier de

partout ces dernières années, l'organisateur du Congrès de Tokyo en 1907 où fut tenu le fameux discours-programme, l'homme du Yunnan, l'homme de Canton. Pétards et musique donnèrent de l'éclat à cette entrée de grisaille, et la cérémonie commença. Des parfums furent brûlés, des mets offerts et on lut la proclamation d'unité du Nord et du Sud; la composition littéraire, à l'ancienne manière, n'était l'œuvre personnelle ni du président bien entendu, ni même du ministre de l'Instruction publique qui s'était dérobé, mais émanait d'un secrétaire; le beau morceau de littérature fut lu comme une prière du haut d'une terrasse, au pied de laquelle les milliers de soldats écoutaient, mais n'entendirent pas. Le drapeau républicain aux cinq couleurs horizontales : rouge, jaune, bleu, blanc, noir, flottait sur ces lieux de tradition, si étrangement ranimés.

L'après-midi le président recevait tout le personnel de la révolution, ministères, état-major, Parlement, et à tous, parmi le vin, il faisait l'éloge de Yuan : c'était l'ami de la République, le dévoué et précieux serviteur de la cause, l'homme de Péking, devant qui il se retirait, tout en ne cessant de collaborer avec lui.

A trois heures, à une demi-lieue de là, dans le haut bâtiment de l'Assemblée provinciale du Kiangsou, tout orné d'arceaux en plâtre, beaucoup plus élégant avec ses lustres formés d'une quinzaine d'ampoules électriques que la misérable salle nue où se réunissait à Péking l'Assemblée consultative, siégeaient les 25 membres du premier parlement républicain ayant les 17 voix des provinces représentées. Ils devaient élire le président général de la République provisoire du Sud et du Nord unis ; au premier tour de scrutin, Li Yuan hong, le général de Wout'chang qui s'était plaint amèrement ces derniers temps, dans une lettre ouverte à toutes les autorités républicaines, des abus de favoritisme et de recherche d'argent auxquels les membres du nouveau pouvoir se livraient comme ceux de l'ancien, le digne général lettré obtint quatre voix ; au second tour, toutes allèrent à Yuan Chekai, selon le désir de Souen, démissionnaire en faveur de l'union, pour l'affermissement de la République. Toutefois, pour le choix de la capitale, quoiqu'il ait parlé, pour les Cantonais, en faveur de Nanking de préférence à Péking, quoique sa démarche du matin au tombeau des Ming semblait faite pour enraciner là la République, quoiqu'il dit que Nanking existant déjà comme capitale républicaine avant qu'il y arrivât, il n'y avait pas lieu de changer parce qu'il se retirait, les députés firent observer qu'au temps dont parlait l'ancien président, Péking n'était pas libre, Wout'chang pas sûre, et ils votèrent en grande majorité pour Péking selon le vœu de Yuan ; celui-ci avait fait savoir : 1° qu'il importait de ne pas éloigner le siège du gouvernement des pays tartares mandchous et mongols, desquels on pouvait craindre un mouvement de contre-révolution, si on n'était toujours à veiller attentivement dès les commencements du régime républicain ; — 2° qu'on n'avait pour l'instant ni le loisir ni l'argent pour construire à Nanking et transporter là tous les bureaux des grands services généraux du pays installés à Péking ; — 3° enfin, qu'il n'était pas prudent de s'aliéner les diplomates en les invitant à reconstruire leurs légations ailleurs, même en les indemnisant, au moment où l'on songeait à réaliser enfin le grand emprunt à l'étranger si nécessaire. C'était déjà l'avis de Yuan qui prévalait.

L'ex-président était alors au chevet de son ami et fidèle conseiller, M. Omer Lea, l'Américain qui l'avait accompagné depuis sa rentrée en Chine et qui pris d'une hémorragie cérébrale perdait soudain la vue.

Dans le palais en liesse la nouvelle jetait le désarroi ; le président Souen, dont la porte avait été ouverte toute grande à tout visiteur tout le temps de son séjour, ne recevait plus. L'animation bruyante dans le palais s'arrêtait. Plus d'étrangers et surtout de ces nombreux Américains qui écrasent la ville de Nanking de leurs énormes bâtisses de fondations *in memoriam*, et débordaient dans toutes les avenues du yamen. Les jeunes gens de l'entourage de l'ancien maître devenaient discrets et réservés, incertains du lendemain, doutant, au cas où le gouvernement républicain ne resterait pas à Nanking où ils avaient leur place, d'en retrouver une à l'autre siège.

Derrière les cloisons de papier des ministères des Finances ou des Affaires étrangères installés dans une partie du yamen, les commentaires allaient leur train sur la situation : l'ex-président avait des difficultés avec son Parlement qui lui avait fait des remontrances sur le peu de cas qu'il faisait de l'Assemblée, bien qu'en république : seul, imprudemment, n'avait-il pas émis pour 300.000 dollars de papier payable à vue dans trois mois, afin de pouvoir verser la solde arriérée aux soldats, bien qu'aucun fonds ne fût prévu pour le remboursement à la fin du trimestre ? N'avait-il pas hypothéqué aux Japonais, les pires ennemis de la Chine, n'avait-il pas accordé la ligne Changhaï-Hangtcheo ? Aux missions américaines ne venait-il pas de céder d'énormes terrains de la ville tartare détruite ? N'avait-il pas des difficultés avec quelques-uns des ministres, comme celui de l'Agriculture, pas jeunes ceux-là, mais au contraire venus là pour avoir un pied dans les affaires républicaines et résister aux mesures trop hâtives d'un président inexpérimenté ? Enfin son ami intime Hoangsing,

n'était-il pas avéré qu'il ne pouvait se faire
obéir des troupes, et que même dans son ministère, à la Guerre, Souen agissait sans le consulter? Tous ces bruits couraient; une campagne de presse prochaine, menée, disait-on,
par le journal américain même qui avait soutenu le président, allait lui dire violemment :
« Filez, filez, retournez au Nanyang avec votre
ami Hoangsing. »

Ailleurs on dressait le bilan de la première
présidence. M. Souen n'était pas dépensier;
sans doute c'est son automobile qui fut la première introduite à Nanking, et après elle, vint
celle du ministre de la Guerre ; mais c'étaient
ses soldats pour lesquels il n'épargnait rien
qui coûtaient cher ; et tout cela était payé par
la province du Kiangsou, celle du Koangtong,
malgré sa richesse, n'ayant envoyé ses troupes
qu'avec des munitions et une solde pour trois
mois. Il était accueillant, ouvert, mais à l'excès,
disant oui à tout le monde, écoutant tous les
conseils, et mettant toujours en pratique le
dernier venu, surtout s'il venait d'outre-Paci-
fique... Idéologue au moment de l'application,
il avait été l'homme de l'heure pour la destruc-
tion des Mandchous, mais faute de discipline,
d'esprit d'organisation et de connaissance de
l'histoire et des mœurs de ses compatriotes, il
était insuffisant à l'heure de la reconstruction ;
malgré la meilleure volonté du monde, il

n'était ni administrateur ni gouverneur, et s'il fut l'homme de la révolution, il ne pouvait être celui de la République. La place revenait à Yuan ; le travail de Souen était fini. On ne le critiquait pas violemment, mais on le plaignait vivement. Peut-être avait-il été simplement l'organe de Yuan, le moyen dont cet homme de réalisation et de volonté s'était servi pour attirer sous sa maitrise le Sud républicain qui en fin décembre eût résisté. C'était joué.

Et tandis que tout cela s'agitait, dans les rues et dans les wagons, officiers et soldats de la République avec des ciseaux s'amusaient à couper les tresses de tous ceux qui en portaient encore, au nom de leur liberté. Le grand jour de fête finissait.

IX

CANTON EN RÉPUBLIQUE

Canton, fin février 1912.

A Péking, on ne se montre pas favorable aux Cantonais : ils ne peuvent pas vivre à la capitale, dit-on, c'est trop froid pour eux, le climat les rend malades, voyez Tang Chaoyi et combien d'autres ; et puis ce sont des fumeurs incorrigibles ; et on nous cite à l'oreille les noms de deux ou trois personnages considérables ; ils sont tous joueurs et s'amusent trop ; on ne fait exception que pour Outingfang, le sage revenu d'Amérique. Le jugement est sommaire.

A Nanking, autour de Souen-Wen (plus connu sous son nom cantonais de Sunyatsen, en mandarin Souenyisien), qui est rattaché à la métropole du sud, tous ceux qui ont un rôle de confiance, en général pas très fixe, ce sont des

Cantonais. Ceux dont on parle, ce sont les Cantonais, ce sont les petits soldats du Sud qui se sont
avisés de s'installer au coin des rues certains
jours pour couper les nattes, en riant, à tous
ceux qui passaient. Ce sont eux qui ont placardé
à l'entrée de leurs casernements provisoires
qu'ils étaient les soldats de l'expédition du
Nord, envoyés du Sud pour exterminer la
dynastie conquérante. C'étaient les plus ardents
à aller au combat, les plus nombreux, les
mieux équipés, les plus sympathiques, malgré
leur petite taille, qui leur donnait un air enfant
avec leurs mollets grêles et leurs figures fines.
Il en arrivait constamment de Changhaï par
transports fluviaux; il en repartait pour le
Chantong, pour la Mandchourie. Ils étaient partout. Les trois délégués qui avaient la voix de
la province au Parlement provisoire de Nanking
passaient pour jouer un rôle décisif, et dans le
vote pour le transfert définitif de la capitale à
Nanking, quand seize voix s'étaient prononcées
pour Péking, c'était la voix unique de Canton
qui réclamait Nanking où Souen-Wen, par deux
sacrifices solennels, au début et à la fin de sa
présidence, au tombeau du fondateur de la dynastie chinoise Ming, avait entendu affermir le
nouveau régime républicain ; leur volonté avait
été assez tenace et puissante pour faire modi-
fier la décision, pour un temps.

La ville même de Canton avait changé depuis

1910 ; on pouvait y arriver en chemin de fer, de Kaoloung en face de Hong-Kong. Autant la route est calme à travers la verdure touffue et puissamment colorée d'une végétation déjà tropicale, parmi les banyans et les camphriers, au milieu des buffles gris qui paressent, après le travail, le long des rigoles des champs, autant était frappante l'animation bruyante du boulevard qui sert d'immense quai le long de la rivière des Perles où Canton a sa façade. Le sans-gêne d'un jeune Chinois moderne en première classe, quittant son pantalon pour être plus à l'aise, et se promenant en veste dans le couloir, la chemise hors du caleçon, indiquait bien que ce n'était plus tout à fait l'heure ni le pays de l'extrême politesse. Les gardes rangés le long du train à chaque station, avec la casquette nouveau régime, en uniforme de toile bleue, ceinturés de trois rangs de cartouches et pour les chefs, le revolver sans étui suspendu au cou par une ficelle, tout cet appareil faisait bien pressentir de l'extraordinaire, mais la réalité dépassait encore ce qu'on pouvait imaginer.

*
* *

Trois kilomètres de boulevard au bord de l'eau et d'un boulevard où la chaussée, large comme chez nous, est aussi encombrée que le

trottoir ; pas de voitures que des pousse-pousse
dont les clochettes sont constamment agitées;
fringants, de petits chevaux aux sonnailles
assourdissantes, montés par des jeunes gens en
complets européens non sans élégance ; mais
surtout une foule compacte plus ou moins légèrement vêtue, prenant le frais de la brise et
du soir et causant haut et saccadé à la promenade ; des lumières, du tumulte, le sifflement
des chaloupes ; des cris, de la nervosité, des
détonations inattendues et inexpliquées, et au
milieu de tout cela, des patrouilles de soldats
en file indienne, ou deux par deux, dix, vingt
ou davantage, uniquement couverts de toile
souple couleur champagne, pas du tout excités,
ne faisant nullement la police, marchant plus
posément et plus lentement encore qu'aucun
des promeneurs, mais présents là, dans la rue
avec leurs armes ; de-ci, de-là, fréquemment,
piquées sur la chaussée devant une porte,
quatre ou six hautes perches, où flottent
d'énormes étendards d'étoffes rouges ou bleues,
ornées au milieu d'un gros caractère blanc
cousu, indice que ce bâtiment public est transformé en caserne : voilà Canton. Tous les locaux
où des soldats pouvaient être logés en regor-
gent en effet ; à l'entrée, quelques-uns sont
assis, comme un corps de garde, et un ou deux
restent sous les armes.

A un moment tout le monde se précipite sur

les bateaux, dans les jonques, sur les pontons ;
la rue, si pleine et si bourdonnante, est vide en
une seconde et silencieuse. Quelques-uns mur-
murent : *Fighting ;* c'est une rixe, c'est une bataille. Je suis seul avec les soldats isolés,
entre une double haie épaisse de curieux pressés
sur l'eau d'un côté, et, de l'autre, juchés en
grappes à tous les balcons des maisons à trois
étages dont les grilles ont été brusquement
glissées pour fermer l'entrée. Et pourtant il n'y
a rien, rien du tout, c'est une fausse alerte, c'est
l'effet de la surexcitabilité énorme de ce public. Les conversations ont repris ; les maisons
dégorgent, les passerelles faites d'une simple
planche rétablissent la communication entre le
bord de pierre et les sampans qui s'étaient tout
de suite éloignés pour ne pas être envahis ; la
rue est aussi grouillante que l'instant d'avant.

Je vais et viens entre ces hautes maisons,
pleines de lumières derrière les vitraux co-
lorés, et les grands bateaux-restaurants per-
pendiculaires à la berge ; l'ombre est profonde
malgré les miroirs qui reflètent les rares lueurs
des lumignons éclairant les lourds meubles en
bois de lim violacé foncé, incrusté de nacre.
Les petits arbres verts, récemment plantés le
long du quai, n'apportent pas encore de calme
et de fraîcheur, comme les hauts et puissants
camphriers et banyans sous lesquels s'ense-
velit l'île européenne de Chamin plus loin ; ici

c'est un monde fiévreux et turbulent, avec ses innombrables petits salons privés et accueillants que sont les sampans tendus de nattes aux couleurs vives et propres qui avoisinent, dans l'intimité, les larges et lourds bateaux de fleurs où l'on boit, avec du thé, le *meikoueilou* ou l'*outiapi* savoureux.

J'entre dans un de ces hauts hôtels, à vastes baies européennes, qui ont si grande apparence ; c'est complet, toutes les chambres sont occupées et éclairées *a giorno ;* de beaucoup sortent les sons vifs des petits violons chinois, ou les paroles pressées de conversations sans répit. C'est le vacarme d'une vie exubérante. J'entre ailleurs : il n'y a pas de chambre qu'au troisième dans un long couloir, mais toutes les fenêtres prennent l'air sur la rivière, deux fois large environ comme la Seine aux Tuileries, et je m'installe dans une pièce modeste, carrelée comme toutes les autres, éclairée à l'électricité. Les petites cloisons de bois, peint en blanc, ne montent pas jusqu'au plafond, et ainsi toutes les chambres communiquent et sont aérées par le haut plus hygiéniquement qu'avec nos ventilateurs ; et il n'est pas désagréable à l'étranger d'entendre tout le babillage des voisins. On m'apporte de l'eau chaude, le traditionnel panier d'osier tout feutré de coton où s'insère exactement et se maintient chaude la théière d'eau bouillante avec sa tasse. Je dormirai seul ici, au milieu de cette trépidation, loin de l'hôtel européen qui est enfoui dans le calme de Chamin où tous les étrangers descendent; je reste dans ce monde de révolution.

La nuit, l'orage fut terrible, et l'averse violente; j'étais réveillé, quand, aux premières rougeurs du soleil, j'entendis les longs sons des cornes et des tubes de deux mètres, par lesquels dans toutes les casernes traditionnellement on salue lentement le jour naissant. Cette ville si vive a conservé les vieilles modes provinciales des villes les plus reculées de l'intérieur. Le calme de l'aurore n'est point troublé par les brusques réveils en fanfares du matin; ce sont des bruits confus et indistincts, comme la lumière, c'est l'ancien usage naturel.

Toute la journée encore, tout en préparant au téléphone des entretiens importants, et en faisant déjà quelques visites, je me mêlai à cette vie de la grande façade cantonaise. Voici l'hôpital américain, l'hôpital chinois de la Croix-Rouge; voici les pavillons isolés, au milieu des jardins, de notre hôpital Doumer aux briques rouges; et presque derrière, voici les flèches fines de la jolie cathédrale gothique; voici les dorures et les boiseries légères, les laques pointillées d'or et les fines arcades des grands thés; voici le sobre bâtiment de l'électricité, avec ses fenêtres-soupiraux toujours ouvertes,

et des curieux toujours devant, pour suivre le
mouvement des machines; voici les ponts à dos
d'âne sur les bras du fleuve qui s'élargissent,
et forment les petits bassins qui servent de
ports en attendant que Canton ait ses ports
comme Paris, en attendant Canton port de mer;
voici encore un grand thé aux jolies grilles de
fer et aux nombreux vitraux de couleur per-
çant les énormes murs blancs, sans saillies ni
rentrées pour les fenêtres; voici un second
port; voici les pots de fleurs en émail vert de
M. « Yué pingchen, consul général de Chine ».
selon ce qu'annonce sa grande plaque en cuivre.
Voici des fanions multicolores et les soldats
cuisinant dans la rue, comme en campagne, le
feu de bois sous la marmite à l'air; voici
des coolies ou des soldats, qui se lavent à
l'entrée d'un casernement provisoire; voici le
yamen moderne du vice-roi et ses bâtisses de
briques; voici les briques grises du débarcadère officiel, non loin duquel le second maréchal tartare dès son arrivée fut tué par une
bombe, car Canton eut son usine de bombes
non loin de la Chambre des députés qui brûla
un jour par accident, et Canton eut son corps
de grenadiers qui portaient en leur sachet de
cuir une quarantaine d'engins explosifs, et
dynamitaient partout où les chefs n'étaient pas
contents. Voici la Tour de l'Amirauté; voici le
lever du soleil, et l'immense ciel cerise aux

poussières empourprées, rappelant le spectacle
rougeoyant des hauts fourneaux lorrains, Cham-
pigneul vu des hauteurs de Malzéville. Voici la
halle au poisson frais, en plein quai ; voici les
quatre colonnes de granit au gros grain qui
supportent une riche maison appuyée aux
angles sur de forts piliers carrés ; voici le dé-
pôt de charbon, dans les arbres touffus, de la
« *Chinese engineering and mining C°* » du
Tcheli ; voici les grosses huîtres amenées par
la marée, ouvertes sur place ; voici une maison
lourde, basse, écrasée, isolée, avec sa teinte vio-
lacée claire et son énorme drapeau rouge à caractères blancs, pendant à côté du petit drapeau
bleu provincial et de l'ancien drapeau national rouge à réserve bleue en haut de la hampe ;
on ne l'a pas encore remplacé ici par le drapeau
aux cinq couleurs horizontales, rouge, jaune,
bleu, blanc, noir, symbolisant les cinq nations :
chinoise, mandchoue, mongole, tibétaine, mu-
sulmane ; c'est ici le terrible *Club du Serment*
qui a fourni les hommes, les anarchistes, dit-
on, les plus décidés de la révolution ; voici, un
peu en arrière, les deux galeries animales
du Jardin des Plantes, avec ses ours en voiture, ses cerfs, ses singes, les perroquets,
les vautours, les lions, les tigres, les loups,
mais surtout les pavillons de thés, admirables
de luxe, de confortable et de couleurs vernis-
sées ; voici une paillotte, aux parois tressées et

11

bigarrées de fantastiques mosaïques végétales,
où le rouge et le vert se combinent en somp-
tueux tapis ; à l'intérieur, ce sont des comp-
toirs improvisés, où les riches vinrent verser
leurs cotisations spontanées pour la République.
Voici des clubs encore, de vastes maisons de
thé où le troisième étage, avec sa terrasse,
est un théâtre ; mais il a fallu fermer ces maisons, car les soldats, logés dans les vastes rez-
de-chaussée, s'y disputaient.

Tout cela, sur une seule ligne, c'est le quai
de Canton, le quai qui n'était que démolitions
et encombrements de matériaux il y a seulement deux ans, le quai qui conduit à la gare
de Kaoloung ; c'est, étincelant ou noir, comble
ou désert, le boulevard le plus extraordinaire de
la plus moderne et de la plus chinoise des
cités d'Asie, en république.

*
* *

Un soir je flânai encore sous le vent du large,
et les spectacles étaient variés dans ce monde
de désœuvrés et de nonchalants en apparence,
si serrés les uns contre les autres, traversés
souvent par la chaise à porteurs d'un Américain
pesant et affalé. Comme cela est différent de
Hong-Kong et de la solidité grave des hautes
colonnades de granit mal éclairées et peu fré-
quentées, à la nuit, quand les Anglais sont

remontés au pic de Victoria, dans les nuages
qui leur rappellent l'Écosse ! Comme ici c'est
plus mouvementé, plus léger, plus populaire,
plus démocratique ! Voici un petit bateau-cui-
sine au bord du fleuve ; c'est simplement une
petite boutique à bon marché ; il va être minuit ; sur les degrés de pierre qui descendent
à l'eau, assis sur une des planches du bateau
déposée là exprès, un grand garçon en complet gris et chapeau de paille, tout à l'européenne, mange avec une cuiller de porcelaine
une assiette de choses gélatineuses, tout à son
aise, pour quelques sous. Dans la soirée il a
peut-être été de ceux qui, en riant, taquinaient du
bord une belle fille à l'arrière du sampan où elle
a godillé tout le jour, et il attendait qu'elle lui
tendît la planche pour l'aller lutiner au dedans.

Je monte un de ces grands escaliers droits
dont l'entre-deux, entre les marches, est fait de
céramique et de miroir. A chaque étage, la
salle est vaste et les glaces nombreuses. Les
tables sont garnies de pétales de fleurs, de
fruits confits, de pâtisseries, de thés fins pré-
parés dans les tasses, et l'on me versera l'eau
bouillante sur la qualité que je choisirai. Tout
ce raffinement de délicatesses, dans un endroit
très décoré et très peuplé où ma présence intrigue à tel point que plus d'un vient m'interro-
ger, s'asseoir à ma table, m'offrir sa carte
glacée, marbrée, aux teintes les plus claires,

bleu ciel ou vert d'eau, tandis que le domestique, son service fini, s'assoit lui aussi et questionne familièrement; tout cela pour cinq ou dix sous au plus.

En bas, sous mes yeux, voici des soldats qui passent, ou du moins d'anciens soldats; ce sont des hommes habillés n'importe comment, tout chargés, qui de sa literie, couvertures au mininum, qui d'un petit baluchon serré dans une toilette, qui d'un paquet plus considérable enveloppé d'un paillasson, tous avec un fusil, plus ou moins long, plus ou moins primitif, quelques-uns longs tromblons de deux mètres, espingoles ou canardières. Ce sont les licenciés. Ils ne sont point bardés de cartouches sur le ventre. Ils rentrent enfin dans leurs campagnes, d'où ils étaient venus il y a quelques mois à Canton pour installer la République. Leur masse peu disciplinée commençait à devenir dangereuse : en voici qui consentent à partir, avec un petit ballot de butin sans doute qu'ils portent sur l'épaule au bout de leur fusil; et ils ont en poche une bonne gratification. On les escorte, ils vont à la queue leu leu assez en désordre, ceux du même village ensemble, et on ne les distingue de la foule que par leur arme extraordinaire et leur bagage qui les embarrasse. Ils en emportent plus qu'ils n'en ont apporté; sans doute ils ont pillé, dans le quartier riche de l'ouest; on me dit que ces dix dernières soirées il y eut plus de quarante maisons visitées : « Au nom du gouvernement avez-vous des armes ? » et on perquisitionne ; et il s'égare toujours quelque chose au gré des visiteurs qui emportent une proie facile ; mais ici du moins cela ne provoque pas des violences, comme à la ville tartare de Nanking. D'ailleurs, on protège les nombreuses maisons des riches qui ont fermé leur porte, en partant pour Hong-Kong, il y a huit ou dix mois déjà ; on ne subtilise pas les soies, les meubles de prix ou les bibelots que les propriétaires n'ont pas eu la précaution ou la possibilité de déposer dans les magasins des banques qui prêtaient sur gage. Les gens à l'aise de Canton ont acheté de quoi s'abriter à Hong-Kong, où la crise sur les immeubles a cessé, et où les maisons ont augmenté du tiers presque de leur valeur ; mais il pourraient revenir à Canton, ils n'y auraient pas la vie difficile qu'on pourrait croire en pays de révolution. Tout le monde désire au contraire leur retour et on se conduit en conséquence : les atteintes à la propriété, sitôt connues, sont réprimées aussi sévèrement que possible, en ville du moins, car dans les campagnes, la sécurité n'est guère assurée. En ville, ce qu'on avait le plus à redouter, ce sont les soldats, et les voilà qui partent.

On n'est d'ailleurs pas doux pour les mauvais sujets : cet après-midi je voyais un mouvement

dans la foule ; c'est un homme en guenilles,
avec un soldat, le fusil sur l'épaule, qui marche
vite derrière ce misérable qui a les chaînes aux
poignets ; une foule suit, rapide, courant parfois plus d'une heure ainsi : on va voir fusiller
le condamné. La surveillance ne manque pas.
Voici des coups de sifflets partout sur le quai ;
il sort des soldats en armes de toutes les maisons. La large rue se vide automatiquement ;
la chaussée appartient à la troupe. Encore une
fois seul, je regarde à ma montre ; c'est minuit ;
sans doute c'est un service. En effet les hommes
se comptent ; les falots en tête de la colonne, ils
se répartissent par groupes d'une quarantaine
pour s'enfoncer dans les ruelles obscures. A
travers les portes qui percent la muraille, ils
pénètrent dans l'intérieur de la cité ; je suis un
groupe ; tout est fermé, tout est silencieux,
excepté les casernes improvisées, devant lesquelles sont plantés les grands étendards, et
quelques maisons où l'on cause encore derrière les planches par où filtre la lumière. Les
couloirs dallés, bordés de hauts murs, sont
solitaires ; on n'entend guère que le pas des
soldats sur la pierre lisse ; à peine une chaise
attardée nous croise-t-elle, et les porteurs
hâtent la marche. Pendant une heure, c'est
uniformément le même spectacle, et quand je
quitte la troupe pour regagner mon hôtel et la
vie du boulevard, je n'ai de distraction que les

gros rats d'égout à qui la rue déserte à cette
heure appartient. Les caniveaux sont sous les
dalles de la chaussée et les rats viennent à l'air
pendant la nuit. Il était plus de deux heures
quand je rentrai ce soir-là et l'animation était
bien encore aussi grande qu'à Paris, sur le
boulevard.

*
* *

Le lendemain fut une grande journée de
visites. J'avais obtenu un rendez-vous du généralissime Long Tsaikoang, qui assure l'ordre
dans la grande ville, et je devais être chez lui
à huit heures du matin. Il est logé à l'extrémité
ouest de la ville, dans un grand temple, avec
1.300 de ses soldats ; et pendant plus d'une
demi-heure, pour atteindre là, j'allai parmi les
gens du matin, déjà nonchalants et insouciants
d'aspect comme ceux du soir, glissant sur les
dalles inégales, suintantes et sales sous les
pieds nus qui pataugent dans le sang des porcs
ou des poissons éventrés ; de petits filets d'eau
s'échappent des touques à pétrole qui servent
de fontaines d'eau vive ; le jet tombe sur un
bassin de bois plat, où frétillent encore quelques gros poissons avides d'eau, qui en ont
tout juste assez pour l'éclabousser en s'agitant
sur le dos. La marche entravée et le spectacle
sanguinolent sont écœurants ; et, plus d'une

fois, parmi les odeurs âcres et les relents de
friture, en passant entre les fruits, les légumes
et les petits cochons de lait rissolés, la narine
enflée parfois de l'odeur de la myrrhe ou du
storax brûlés à mes pieds au petit autel du
génie de la porte chaque matin et à l'heure du
dîner, je me disais : « Que peut-il bien sortir de
cette confusion? » Enfin, après avoir encore frôlé
des nudités épaisses et pleines de sueur dans la
rue, des gens malingres, des femmes allant pieds
nus, leurs enfants sur le dos, la tête à peine sortant des brassières qui les soutiennent ; après
avoir heurté, aux étalages des bouchers, des
viandes pendantes, lavées, luisantes et devenues
blêmes à côté des poumons et des vessies, dans
le brouhaha matinal d'une grande ville qui n'a pas
de halles centrales, j'atteignis enfin le temple.

Les soldats étaient encore pour la plupart
couchés sur le terri ou la pierre, enveloppés
dans des couvertures, à côté de leurs nombreuses caisses de bagages. Il y en avait partout, dans les cours, sous les toits, jusque le
long des couloirs. Je traversai deux ou trois
corps de bâtiments, et remis ma carte. On me
fit asseoir dans une chambre où étaient logés
cinq petits chefs, dont un seul était debout ;
il n'y avait certainement pas d'autre place libre ;
ils sortirent des couvertures dans lesquelles
ils s'enroulent tout habillés pour dormir, se
lavèrent longuement les dents, se raclèrent la

langue avec une sorte de baleine de corset en
acier, en usage aussi au Japon, et continuèrent
sans doute leur toilette minutieuse, quand je fus
invité à suivre le domestique qui m'introduisait.
A l'entrée de la cour où j'avais remis ma carte,
six soldats étaient maintenant de garde; c'était
déjà plus que je n'en vis à Nanking chez Sunwen; il y en avait encore à la porte de la grande
salle, qui était un vaste dortoir; je montai un
escalier; en haut m'attendait dans une longue
robe de bure brune, en souliers européens, la
grosse tête ronde toute rasée bien dégagée sur
des épaules fortement musclées, le généralissime Long Tsaikoang, natif de Mongtze, province
du Yunnan. Me dirigeant par une véranda,
jusqu'à un petit salon à peine meublé, dont
mon hôte s'excusait, il me fit asseoir; on apporta
le thé, chacun une cigarette et nous restâmes
seul à seul, les yeux dans les yeux. Le regard
de l'homme était plein d'énergie et sa parole
pénétrante et douce. Il lui suffisait de se retourner, quand un domestique, curieux selon l'habitude chinoise, approchait de la porte, pour que
l'indiscret s'éloignât aussitôt. Il m'expliqua comment il n'y avait plus rien à craindre des brigandages qui avaient infesté l'ouest de la province,
la région de Packkoi, d'où il était revenu dix
jours auparavant; comment, dans la ville même,
les troubles qu'on redoutait à cause de la présence des troupes peu soumises, n'étaient plus

un danger, depuis que le président provincial avait fait exécuter quatre jours auparavant, dans son yamen même, le chef de bande le plus dangereux et un assez grand nombre de ses soldats, qui n'étaient que des voleurs sans règles ni scrupules ; et quand je le quittai, après avoir porté mes lèvres au thé versé, ce rude homme des camps m'assurait qu'avec les 50.000 hommes dont il disposait à cette heure, à Canton, 20.000 des anciens soldats et 30.000 des troupes nouvelles, la sécurité de la ville ne faisait pas de doute ; il me reconduisit jusqu'en bas de l'escalier, tout proche des sentinelles de garde.

Je revins, en changeant un peu mon itinéraire ; dans quelques rues, les boutiques étaient encore fermées pour le nouvel an, le traditionnel nouvel an qui tombait le 18 février et qui se prolonge là où le petit commerce n'est pas actif ; quant aux marchés en gros ils ont cessé presque complètement, n'étant plus alimentés de l'intérieur depuis que les bateaux n'osent plus descendre les rivières, de crainte du pillage. J'essayai de changer un billet étranger, mais sous prétexte que la date était marquée par un rappel de l'ère de la dynastie mandchoue, on ne l'accepta pas ; on me refusa aussi des pièces de la province du Kiangnan, de Nanking, siège du nouveau gouvernement, où pourtant on accceptait la monnaie du Koangtong, bien qu'on refusât celle de Mandchourie. Il s'en faut

que l'unité, même monétaire, soit faite entre ces
provinces, même républicaines. Après, ayant déjà
vu et entendu par moi-même assez pour suivre
une conversation, je me rendis au consulat et à
la mission pour causer des événements passés, de
ce que je ne pouvais plus voir, de la situation, et
je m'assurai une fois encore que, quand ils veulent se tenir au courant et consentent à y mettre
ceux qui ont leur confiance, les missionnaires
sont renseignés avec une précision et une sû-
reté, de laquelle on peut difficilement approcher.

En traversant la petite île de Chamine où
sont installés les étrangers et leurs consuls, je
vis les fameux travaux de défense, barricades
de bois et de sacs pleins de sable, garnitures
de fils de fer barbelés, que les Anglais crurent
nécessaires quand ils redoutèrent le pillage de
leur concession et annoncèrent que Canton
était à la merci d'une quarantaine de milliers de
brigands arrivés de l'intérieur; ne disait-on pas
que quelques-uns avaient poussé l'audace jusqu'à enlever de la cour du consulat une mitrail-
leuse que le factionnaire du pont avait heureusement empêchée de sortir! On se fortifia donc, on
fit débarquer des marins comme si on devait soutenir un siège, et pourtant le danger ne fut pas considérable et la concession française ne jugea pas
utile de faire les mêmes préparatifs de guerre.

La vérité est que la République fut déclarée
à Canton de façon tout à fait fortuite, et à bon

marché, par le départ du vice-roi, au moment
où, depuis une huitaine, on le croyait disposé à
la résistance. Le parti révolutionnaire, pour
vaincre l'opposition sur laquelle il comptait,
s'était assuré de forts appuis dans l'intérieur,
et alors, bien qu'ils aient cessé d'être utiles,
tombait sur la ville une avalanche de va-nu-
pieds, avec ou sans armes, fusils ou poi-
gnards, plus ou moins habillés, sorte de
Sambre-et-Meuse qui, très bien reçus, bien
payés, augmentèrent d'autant plus rapidement
qu'au mois de novembre il n'y a plus de travaux à faire dans les campagnes. Ça pouvait
être des pirates et des bandits autant que de
braves gens. On prit peur, on exagéra leur
nombre. C'est eux dont on chercha à se défaire au plus vite comme d'un élément possible
de troubles; c'est eux qui, bien vêtus et bien
armés, ont été embarqués pour l'expédition du
Nord, tandis que ceux qui sont restés furent
invités à retourner chez eux. On en fait travailler à la démolition des fortifications commencée au nord de la ville, pour les dégoûter
au moins autant que pour les utiliser, afin
qu'ils consentent à rentrer au foyer avec quelques mois de gratification et la médaille de la
campagne. Il semble que rapidement on ait
réussi à conjurer le danger, et ce n'est pas le
moindre étonnement que l'ordre qui demeure
dans cette ville révolutionnaire et n'a presque

jamais été troublé pendant toute la période redoutée, quelque animée que soit cette capitale souvent en effervescence.

L'histoire de la révolution à Canton, de la
maîtrise et de la ténacité avec laquelle le mouvement antidynastique et républicain s'y est
développé, est tout à la gloire de ceux qui la
firent; ils n'ont pas moins de mérite à Canton
pour avoir évité de verser le sang qu'on n'en
accorde au Nord à Yuan Chekai; et le résultat
fut obtenu au Sud avec plus de droiture et de
franchise que n'en montra l'homme de Péking.
Les Cantonais sont les Chinois qui eurent le
plus anciennement des relations avec les Européens, mais loin d'être soumis davantage
pour cela, ils ont mieux su au contraire s'affranchir et conserver leur indépendance; tandis qu'à Hankeo, à Changhaï et à Tientsin les
quais achalandés sont aux étrangers, à Canton
au contraire le quai vivant et actif est œuvre
et possession chinoise. Pour n'avoir pas la
force des pierres qui s'élèvent sur le roc à
Hong-Kong, ce commencement provisoire à
Canton n'a pas moins d'avenir et a déjà plus
d'élégance que les massives et régulières bâtisses trouées de Victoria. Canton a pris l'initiative d'un mouvement d'indépendance qui
peut permettre à la grande ville de s'épanouir,
si la sagesse continue d'y maîtriser la violence.

*
* *

La révolution avait été préparée là de longue
date et tout avait été prévu pour que le pouvoir
de la dynastie abhorrée fût aboli sans brutali-
tés ni désordres. On dit que le jeune vice-roi
Tchang Mingki était gagné à la cause et avait
reçu du parti plus d'un demi-million pour obtenir sa place à la tête de la province. Il devait
faciliter le triomphe de la République dans
la province ; les révolutionnaires avaient es-
compté que, de là, l'exemple gagnerait de
proche en proche les différentes régions jusqu'à
Péking. Le yamen du vice-roi fut attaqué par
Hoangsing à la tête de révolutionnaires venus
en grande partie de Singapore, fervents de
Sunwen ; ce devait être le premier triomphe
éclatant, et on espérait qu'il serait pacifique.
Ce fut une déception sanglante. Le lendemain
de cette journée meurtrière, on pouvait compter,
sur le terrain, les cadavres de quarante-six révolutionnaires ; beaucoup, natifs de la province
sans doute, mais habitant depuis longtemps
l'étranger, parlaient à peine la langue du pays
pour lequel ils venaient de mourir : le vice-
roi les laissa tuer par ses hommes, au lieu de
donner l'ordre de les faire entrer comme il
devait être convenu.

Dès lors, jusqu'en octobre, les journaux et
les clubs reprirent leur œuvre, et ces six mois

de préparation, de reprise après l'échec furent une campagne de presse et d'opinion remarquable. Le seul journal qui défendit un peu la dynastie, le *Sipao*, dut disparaître, et tous les autres, d'accord, furent les journaux du parti : *l'Égalité*, *les Droits de l'homme*, *l'Aurore*, *le Citoyen*. Ils étaient dirigés par des gens pauvres, ordinaires, mais dont le style du moins était distingué, et qui maniaient l'ironie d'une plume très déliée. Plus tard même, le *China Outlook* fut fondé à Hong-Kong pour les Chinois dont la langue habituelle est l'anglais. On ne peut pas dire que le raisonnement était très solide dans ces articles, mais les journalistes connaissaient admirablement la situation et savaient en tirer parti ; ils évitaient les questions de personnes, et contrôlaient tout ce qu'ils savaient de répréhensible — et ils savaient tout — avec une rigoureuse impartialité.

Les journaux furent très secondés par les clubs. Le principal était la Société du Serment, le *Tung Mang hoei*, où l'on jurait de résister jusqu'au bout, et on se vouait à la mort, si on défaillait. Peu à peu il n'y eut pas de parti qui n'eût son club ; tous les *Kong houo seu* ou fédérations étaient révolutionnaires mais, le Club du Serment surtout ; on en devenait membre en versant une certaine somme et les membres actifs qui étaient la grande majorité s'engageaient par serment à ne pas s'arrêter d'eux-

mêmes dans une entreprise commencée ; sinon
les autres avaient le droit de se défaire du défaillant. Tel qui s'était chargé de réunir par
exemple cinq cents soldats et de les équiper
n'avait qu'à fuir s'il n'y réussissait pas. Malheureusement, quand il y eut des places à prendre
au pouvoir, les membres voulurent les accaparer,
bien que n'ayant pas, tous, le sens du gouvernement ; ils reprochèrent à ceux des leurs qui
étaient aux affaires de ne plus s'occuper d'eux,
alors qu'ils avaient de plus importantes préoccupations ; le club finit dans l'anarchie.

Grâce à ce mouvement des esprits, la haine
contre la dynastie était excitée et depuis longtemps on annonçait une attaque de Canton par
les révolutionnaires pour octobre. Les chefs du
mouvement se concertaient avec les notables
et les commerçants des guildes pour maintenir
l'ordre dans la province, assurer la tranquillité
des habitants et éviter l'effusion du sang. Une
des principales assemblées fut présidée par
un ancien vice-roi, M. Tang, notable de la ville,
et le principal orateur fut M. Liangtingfen.
On y vota l'indépendance de la province : le
Kouangtong aux Cantonais ; et pour empêcher
l'envoi d'argent et de soldats à Péking pour
aider la dynastie qui commençait à avoir des
difficultés au Houpé, on décida qu'à cause des
brigandages de la région, les soldats ne pourraient pas sortir de la province, et que l'argent

était indipensable alors pour l'administration
locale. Cette mesure prise en vue d'éviter
toute effusion de sang devait être précisément
retournée plus tard, quand, la révolution ayant
déjà des triomphes, Canton envoya des hommes
et de l'argent au Nord pour aller au besoin à
l'assaut de Péking. On convint d'envoyer un
groupe de délégués à Hong-Kong s'entendre
pour assurer avec l'ordre l'installation de la
République. Le résultat des délibérations fut
transmis le soir même au vice-roi Tchang
Mingki qui répondit dans la nuit des lettres
très respectueuses où il annonçait qu'il sup-
primait lui-même une partie des impôts et
préparait la République.

Sur ces entrefaites, le 25 octobre, arrive à
Canton le grand maréchal tartare Fouki, désigné de Péking pour remplacer le précédent
maréchal assassiné, et garder la ville à l'Empereur en empêchant, par sa présence, le vice-roi
Tchang Mingki de céder aux révolutionnaires.
On l'avertit de se prémunir contre les attaques; il n'en fit rien. Ni le vice-roi, ni aucun
des grands mandarins n'allèrent le recevoir au
débarcadère officiel comme de coutume. Il
voulut pourtant entrer avec la pompe ordinaire et il n'avait pas fait trente pas dans une
petite rue qu'une explosion se produisit; et il
resta avec vingt soldats sous les décombres de
la maison écroulée.

On annonce alors la victoire de la révolution
à Hankeo, la prise de Péking ! on parle de pro-
clamer la République ; on discute cela de Hong-
Kong et on tombe d'accord avec le vice-roi
Tchang Mingki qui sera le président. On allume
des pétards, on promène processionnellement
en ville le drapeau de la République, quand
tout à coup le vice-roi, qui vient d'apprendre
le reprise de Hanyang par les impérialistes,
croit à une victoire définitive de la Cour, fait
arrêter et emprisonner les porte-drapeaux, et
lance une proclamation où il traite les républicains de bandits.

Aussitôt après, c'était l'entrée à Nanking
des révolutionnaires, et pendant les huit jours
que Tchang Mingki, peu clairvoyant, resta encore au pouvoir, lui et le peuple furent mal-
heureux. Il fit des proclamations pour qu'on
restât fidèle au gouvernement impérial, juste
au moment où on annonçait l'attaque décisive
des révolutionnaires, et où l'effroi était considérable. Il s'entendit d'ailleurs bientôt avec
les principaux de la ville pour qu'il n'y eût pas
de sang versé. Lui-même était acquis à la révolution ; mais il fallait gagner aussi les soldats tartares et leurs chefs. On voulut les
désarmer ; ils refusèrent, ayant déjà appris le
massacre des leurs à Nanking. Jamais les révolutionnaires n'auraient pris Canton si le vice-
roi avait résisté.

Le 9 novembre au matin le yamen était vide
Le vice-roi l'avait quitté la nuit et s'était réfugié sur un bateau anglais, d'où il gagna
bientôt Kobé. Il fit remettre au consul américain, doyen du corps consulaire, une lettre annonçant qu'il avait cédé ; et il laissa son sceau,
insigne du pouvoir, pendu à une poutre du
yamen. Il chargea le fidèle général impérialiste Long tsaï koang de faire la transmission
des pouvoirs, désignant lui-même la Chambre
des députés provinciaux, dont les membres
n'ont d'ailleurs joué aucun rôle à côté des notables et des chefs du parti, comme siège du
gouvernement qui lui succéderait.

Deux jours après, un jeune journaliste très
lettré, Fou eul man, en mandarin Ouhanming,
arriva de Hong-Kong désigné comme président
de la République cantonaise. La situation du
général Long était très délicate. Homme des
camps, sous le vice-roi, il avait d'abord lutté
contre les brigands du Koangsi. Tchang
Mingki l'avait mis à la tête de toutes les troupes
de terre, et même de mer quand il avait suc-
cédé à l'amiral Li. Il commandait vingt-sept
ying ou bataillons, mais, comme il était chef des
troupes anciennes, quand il reçut le commandement des nouvelles, sans être sorti des écoles,
uniquement par confiance du vice-roi, on
lui adjoignit comme chef d'état-major un di
plômé, M. Wongtselong, qui fut nommé alors

vice-président de la République avec M. Tsang
koeiming, ancien député et journaliste ; plus
tard, quand le président Ouhanming alla sa-
luer Sunwen au passage et à la fin de décembre
l'accompagna comme chef du cabinet secret à
Nanking, c'est Tsang qui devint président par
intérim, puis président effectif de la République
cantonaise. Le général Long était avant tout
un homme d'ordre, et il passa à la République
pour éviter l'effusion du sang. Les canons
étaient installés sur les remparts de la ville
braqués contre les assaillants et même contre
les habitants. Long supplia ses soldats à genoux de ne pas se battre et de passer comme
lui à la République par dévouement au pays. Il
fit respecter l'autorité nouvelle.

Alors entraient chaque jour en ville cette
foule de paysans que les Anglais et les Allemands de Chamine ne tardèrent pas à tant redouter. C'étaient les Mankoan, les soldats du
peuple, indisciplinés, sorte de garde nationale,
recrutés principalement dans les associations
secrètes ; et leur rôle eût été d'effrayer, si la
République ne s'était pas installée bien plus
simplement que ses promoteurs ne l'avaient
cru. Ils voulaient comme président Wang tsing
koei, le jeune homme qui, il y a deux ans, avait
lancé une bombe à Péking contre le régent ;
il refusa l'honneur, protestant qu'il était seulement un homme hardi, mais non un adminis-

trateur et qu'il voulait rester simplement un
employé de la République. Mais le président
Tsang n'en eut pas moins de grandes difficultés à discipliner ces hommes des champs qui
avaient des chefs redoutables comme généraux,
des sortes de jeunes bandits qui voulaient faire
la loi, Tchek-Kiangsiun, Loklansen et Wong-
kosiun ; le premier surtout était redoutable.
Il vendait des pâtisseries dans un hôtel chinois
en avril quand Hoangsing mena l'attaque dé-
sastreuse sur le yamen du vice-roi ; il sauva
la vie du chef qui s'échappait, en le recueillant
dans la boutique de son maître. En quittant
Canton pour aller combattre au Nord en octobre, Hoangsing remit une lettre au jeune
Tchek, disant le service qu'il avait rendu à la
cause, et le jeune homme en profita pour se
présenter comme chef des soldats de la campagne. Il acheta des fusils au Japon par l'intermédiaire des Allemands, livrables en quinze
jours ; un bateau de Macao en apporta 60.000.
Le gouvernement exerça le monopole, achetant
lui-même pour trente-quatre dollars un fusil,
cent cartouches un ceinturon et une baïonnette
qu'il revendait facilement le double ; c'était une
ressource ; au début le nouveau gouvernement
n'en avait guère, malgré le monopole du sel, les
souscriptions volontaires et les profits des bazars. Tchek était exigeant, menaçant, et le président Tsang était dans une situation difficile.

Tsang, que Yuan rétablit comme gouverneur dès l'été de 1913, était bien l'homme énergique nécessaire ; jeune, originaire du nord-est de la province, près de Swateo, de la tribu aborigène des Hoklo, il avait été député et journaliste. Faisait-il acte d'autorité, les journalistes l'accusaient de brutalité et le rappelaient au libéralisme ; comme il entendait leur faire rectifier leur propos et que six s'y refusaient, il voulut les punir ; ils le menacèrent de ne plus rien insérer de ses proclamations et de couper ainsi toute communication entre la présidence et le peuple. Il n'obtint même pas un repentir et son orgueil en fut blessé ; aussi bien toutes les notifications de l'intérieur adressées d'abord au bureau de la presse continuaient de l'être au président et au bureau de la presse. Wongtzelong, le chef d'état-major devenu vice-président, était parti dans le Nord de dépit, peu après que Ouhanming avait quitté la présidence, où son caractère de fin lettré n'était pas à la hauteur de la situation. Tsang ne s'entendait pas avec Wong et le jalousait un peu de ce qu'il avait les nouvelles troupes pour lui. Enfin le chef des anciennes troupes Long avait été envoyé à l'ouest pour combattre les brigands aux frontières du Tonkin, et devant les exigences des jeunes chefs des Mankoan, le président Tsang se trouvait sans appui.

C'est alors qu'il réussit à faire revenir à

Canton le général Long avec 3.000 de ses soldats fidèles ; fort de ce secours, à bout de patience avec les Mankoan, il décida de faire une grande revision de toutes les troupes, de passer une revue générale à jour fixe, et de s'assurer ainsi que la liste des soldats et des armes correspondait bien à ce que réellement les chefs déclaraient avoir d'hommes et avoir acheté de fusils. On découvrit ainsi les tromperies de Tchek qui réclamait indûment de l'argent au président ; de Bocca Tigris, qu'il avait gagné sur un bateau de guerre, il menaçait encore le président ; ses deux jeunes collègues faisaient pression aussi.

Malgré toutes ces difficultés Tsang restait quand même, et quand le général Long fut de retour de Packhoi, il manda Tchek au yamen et le fit exécuter avec quelques-uns de ses plus dangereux séides, le 24 février 1912. C'était une leçon pour les deux autres chefs et à partir de ce moment, les soldats des campagnes qui n'avaient pas encore accepté d'être licenciés commencèrent à quitter la ville, tandis que les soldats de Canton revenus du Chantong et de Mandchourie, de l'expédition du Nord, eux aussi regagnaient leurs foyers.

A ce moment la situation en ville ne paraît plus dangereuse, grâce surtout à la ténacité du président Tsang toujours fortement soutenu de Nanking et appuyé par les troupes et la

grande autorité morale du général Long.
Grâce à ces hommes de haut sens et de courage, la République de Canton n'a jamais été
ni un danger, ni en danger. Même financièrement il n'y eut pas de crise ; la République de
Canton n'a pas émis de nouveaux billets ; elle
n'a même pas donné suite à l'idée qu'on eut
d'abord d'annuler les anciens au bout d'un
certain temps, après avis dans les journaux
annonçant le terme où ils seraient périmés ;
toutes les œuvres d'instruction, de bienfai-
sance, ont continué d'être entretenues ; et
mensuellement, avec régularité, l'argent arrivait aux aveugles comme aux soldats, même
tartares, qui touchaient leur solde militaire et
perdirent seulement ce que leurs familles recevaient comme pensions tartares. On trouva
toujours les 150.000 dollars dépensés par jour,
environ 375.000 francs ; et il n'y eut ni confis-
cation, ni pillage des biens des riches bourgeois émigrés à Hong-Kong depuis des mois
déjà. Marchands et notables se réunissaient
pour être plus forts contre les abus des soldats voleurs au milieu desquels on vivait,
puisqu'ils occupaient les immeubles libres ; le
président portait plus normalement et plus
commodément que les particuliers lésés leurs
requêtes au gouvernement ; mais aussi on
s'assemblait pour décider de donner la moitié
des bénéfices mensuels et promettre davan-

tage si le gouvernement pouvait assurer la tranquillité.

C'est merveille tout à l'honneur des Cantonais que dans un pareil milieu il n'y ait pas eu d'incendies. On n'a pas toujours pu maîtriser les soldats; avant d'être réduit, un régiment qui avait perdu son colonel et entendait obéir à la femme du défunt, a échangé des balles dans une ruelle avec l'armée régulière, et six au moins ont laissé des traces de leur passage sur les murs de l'hôpital Doumer ; mais cela ne prouve pas une indiscipline habituelle. Sans doute les meurtres sont fréquents dans les campagnes depuis l'ouverture des prisons selon le plan de Sunwen, et les vengeances s'exercent librement contre ceux qui jadis dénoncèrent des criminels vindicatifs. Les services de justice du nouveau régime n'ont pas encore remplacé les offices des anciens mandarins qui ont tous fui, rentrés pour la plupart dans leur province d'origine, sur leurs terres et comme sous terre ; et ce n'est guère qu'à la capitale qu'on peut se faire rendre justice. Les campagnes ne sont pas sûres, comme il arriva déjà en d'autres temps; et comme les Anglais ne protègent avec leurs canonnières et leurs torpilleurs que les bateaux battant les pavillons britanniques, les autres sont à la merci des brigands. Mais il faut reconnaître aussi que les hommes au pouvoir,

ignorant souvent ce qu'est le pouvoir, furent
reconnaissants à tous ceux qui essayèrent de
les aider ; que les services des relations avec
les étrangers tenus par M. Tsengchapai montrèrent un jeune diplomate avisé et courtois;
bref, c'est juger grossièrement les Cantonais de ne voir en eux que de jeunes inexpé-
rimentés qui veulent mener la Chine.

Ils ont donné la mesure de leur valeur, de
leur droiture, de leur rigidité, de leur ténacité,
de leurs principes de libéralisme chaudement
défendus, et plus strictement appliqués là que
partout ailleurs, même en crise révolutionnaire.
On peut douter que leur esprit primesautier et
leur nature inconsistante soit capable de maintenir ces acquisitions qu'ils ont imposées, mais
encore faut-il les voir à l'épreuve. Ils semblent
moins enfants qu'on est sur le Yangtse, ils
ne portent aucun emblème révolutionnaire.
Ils sont les plus avancés, mais ils n'apparaissent
pas non plus comme les moins sages.

Des contrastes qui permettent le plus riche
équilibre caractérisent la ville et les habitants.
C'est décisif pour les pays en révolution.

X

LE GOUVERNEMENT MILITAIRE DU YUNNAN

Dans la seconde décade d'octobre 1911, le vice-roi du Yunnan réunissait pour la première fois l'Assemblée provinciale. On inaugurait tardivement dans cette région reculée un nouveau système de gouvernement qui n'avait pas encore donné de résultats fort appréciables dans les provinces plus cultivées, où depuis plus de deux ans on en avait essayé les vertus. Cette réforme de l'Empire libéral allait être appliquée jusqu'aux frontières et jusqu'aux pays où l'esprit est resté le plus lourd. Ce nouvel instrument politique, même là, n'eut pas longue vie. Huit jours après, Yunnanfou était aux mains d'un gouvernement militaire, et l'on n'entendit plus parler de l'Assemblée provinciale jusqu'à la grande fête républicaine du

3 mars 1912 où, comme tous les autres corps
constitués de la capitale, elle était représentée
par une délégation au Champ de Mars. De
même qu'à Péking, l'Assemblée nationale a dû
s'effacer devant la dictature militaire, en dépit
des apparences et du costume mandarinal de
Yuan Chekai, de même, dans les provinces, les
représentants du pays ont dû subir bon gré
mal gré la loi martiale imposée par un petit
groupe d'officiers résolus ou par une bande de
pillards ou de soldats qui faisaient trembler ou
fuir partout notables aisés, commerçants et
fonctionnaires. Pour établir la République chinoise, la révolution a commencé par supprimer
toutes les administrations civiles anciennes et
par installer le régime militaire ; et selon le
plan de l'organisateur même de cette grande
transformation céleste, Souen-Wen, ce sont les
chefs de troupes qui, pendant trois ans, doivent
diriger le pays. Le Yunnan, qui constitue avec
le Hounan la réserve des meilleurs soldats de
l'Empire, n'a pas échappé à cette loi générale de
dictature militaire.

*
* *

Dès la fin d'octobre une certaine effervescence
agitait la garnison de Yunnanfou, où la 19ᵉ division comptait ses douze bataillons d'infanterie,
de la cavalerie, six batteries de montagne et

une compagnie de mitrailleuses. Selon le procédé habituel, les mandarins parlaient de
désarmer les troupes gagnées à l'esprit nouveau
et excitées par les rumeurs qui parvenaient
du Yangtse, de Wout'chang surtout où l'École
militaire était en relations régulières avec
celle de Yunnanfou. Quelques troupes étaient
déjà désarmées; l'autorité les voulait annihiler
toutes ainsi, sur le bruit qui courait que dans
trois semaines la révolution éclaterait là comme
dans le reste de l'Empire.

Le 30 octobre, des émissaires du vice-roi
avait été envoyés aux camps d'artillerie pour
continuer ces négociations, quand dans la
soirée la nouvelle se répandit qu'ils avaient été
tués. Des soldats se mutinaient, des bâtiments
flambaient aux portes de la ville; c'étaient les
habitations des officiers, dont plusieurs comme
à Wout'chang ne voulaient pas suivre leurs
hommes. Les portes de la ville étaient fermées
comme toutes les nuits; les étudiants militaires,
complices du mouvement qui éclatait plus vite
qu'on ne l'avait préparé, aidèrent à les ouvrir.
On tua, on massacra par les rues sans merci
une population qui résistait, et ne comprenait
pas; cinq cents habitants, dit-on, sur une cin-
quantaine de mille, périrent cette nuit-là. Beaucoup de petits mandarins disparurent qu'on n'a
jamais revus depuis, soit qu'ils aient été tués,
par vengeance, soit qu'ils aient pu fuir dans

leur province natale. Le général de division qui commandait et habitait en ville se fit vaillamment tuer à la tête de quelques soldats en voulant s'opposer au mouvement. Le général de brigade, natif du Hounan, appelé dans la province à cause de ses réelles qualités militaires développées dans les écoles japonaises, M. Tsai, s'installa dès le matin sur une colline qui est la meilleure position stratégique de la place, dans les bâtiments de briques des écoles normales, et fortifiant encore cet endroit escarpé pour se rendre inexpugnable, il en fit le siège du gouvernement militaire dont il se déclara le chef sur-le-champ. On raconte qu'avant le jour un de ses familiers se présenta au consulat de France. Il fut introduit dans la chambre à coucher du consul ; là, agitant nerveusement un de ces innombrables revolvers qui étaient entrés par caisses, comme de la serrurerie, dans la province, et que les gens portaient au cou suspendu sans étui par une ficelle, il annonçait triomphalement : « La République est proclamée et M. Tsai, même chose Napoléon ! »

A cet assaut, toutes les autorités quittaient leur palais. Le vice-roi s'enfuyait dans une maison amie d'où il faisait demander asile au consulat de France, sachant que d'autres mandarins y étaient déjà ; mais il n'y put atteindre, et le troisième jour fut découvert dans sa cachette avec un de ses fils et gardé en prison

comme otage à la Chambre provinciale par les
soldats et les étudiants qui avaient pris la tête
du mouvement. Au moins autant par prudence
que par humanité, on ne tua pas les grosses
têtes, on les réservait pour négocier et mar-
chander au cas où l'attaque ne réussirait pas et
où il faudrait céder la place. Dès le 31 octobre,
15 blessés arrivaient à l'hôpital français; 18 le
lendemain; il y en eut bientôt 56 dont 13 civils,
3 femmes seulement, la plupart de tout jeunes
soldats, 5 officiers, tous des révolutionnaires,
beaucoup blessés dans le dos. A ceux qui
étaient morts, les plus nombreux, on fit, le troisième jour, quand la révolution se sentit
triomphante, des funérailles solennelles avec
la musique et les étendards déployés.

Des hauts fonctionnaires, seul le directeur
des finances fut cruellement traité par les
étudiants. C'était un Mandchou, mais pas détesté de la population et pas riche. Il fut pris
dans une maison où il s'était réfugié et sa fille
fut brutalement frappée par les soldats. Les
étudiants qui l'enfermèrent et le gardèrent
pendant la journée, où ils l'obligèrent à se tenir
à genoux, exigeaient de lui une rançon de
40.000 taëls, sachant très bien qu'à la différence
du richissime vice-roi chinois Li, ce Mandchou
n'avait pas de fortune. Il dit qu'il réunirait au
plus la moitié de la somme, une soixantaine de
mille francs, et les marchandages en étaient là

quand une rumeur se fit dans le voisinage. Les jeunes gardiens, entendant des coups de feu, crurent que le peuple venait délivrer leur victime, tirèrent à bout portant, manquèrent leur coup et finirent par couper la tête à ce bon administrateur; l'un d'eux but une tasse de son sang.

Le directeur de l'enseignement échappa à ce triste sort. On voulait le massacrer. Dès la nuit, le feu fut mis à son yamen. Il tenta de s'empoisonner par asphyxie, en avalant une feuille d'or. Il fut saisi et transporté à l'hôpital en syncope émotive : n'avait-on pas voulu lui arracher sa feuille d'or de la bouche ? On lui avait brisé les dents. Les étudiants le détestaient. Ils le croyaient empoisonné et étaient furieux qu'il leur ait ainsi échappé si vite. Ils envahirent l'hôpital où on l'avait amené pour le prolonger et prétendirent le garder. En réalité il se tira d'affaire. Après un lavage d'estomac, superflu, il revint à lui, mais fut saisi de terreur en se voyant entouré comme s'il était mené au supplice. Il reconnut où il était, et, quoique antiétranger, fut émouvant de reconnaissance. Quand on eut fait évacuer de l'hôpital tous ceux qui s'y étaient rués derrière lui, les deux soldats restés de garde dans sa chambre réussirent difficilement pendant les vingt et un jours qu'il demeura à l'hôpital à empêcher les étudiants d'entrer pour l'achever. D'accord avec le jeune nouveau gouverneur militaire Tsai qui voulait le sauver comme il avait voulu sauver le vice-roi à qui il succédait, le médecin allait jusqu'à accepter de rendre l'homme malade pour le garder à l'abri. Un jour, Tsai demanda même qu'on le fît passer pour mort et qu'on mît un cadavre à sa place; on songeait à lui faire un abcès de fixation à la térébenthine quand on parvint à l'évacuer sur la gare, le Tonkin et Changhaï, d'où, sauvé, il écrivait sa reconnaissance.

Le directeur de la justice s'était rallié.

Le directeur des affaires diplomatiques avec sa famille avait gagné l'hôpital, puis le consulat français, et au bout d'une vingtaine de jours avait réussi à prendre le train, déguisé en Annamite, ainsi que l'intendant des grains, le marquis Tseng, déguisé en domestique et portant un appareil photographique.

Le gouverneur militaire avait favorisé l'évasion de tous ces personnages, et évité l'effusion du sang, ce qui n'était pas un mince mérite au moment où l'on tuait partout à la capitale et dans la province. Le 12 novembre, après entente avec le consul de France qui accompagna le fugitif par train spécial payé par le nouveau régime, il avait laissé partir le vice-roi, non sans en avoir exigé une rançon qu'on a évaluée à deux millions. Toujours est-il que cet homme très riche était sans argent en arrivant à Haï-

13

phong où il dut emprunter à un de ses compatriotes pour prendre la mer. Trois cents soldats
étaient dans son train; une quinzaine de jeunes
gens terriblement armés lui servaient de garde
du corps. La nuit du voyage où le train s'arrêta,
il refusa de descendre du wagon pour aller à
l'hôtel chinois, tant il redoutait de ne pas continuer le voyage, du moment qu'on ne l'autorisait
pas à loger chez un agent européen de la compagnie du chemin de fer. Enfin, à Laokay, les
soldats chinois le quittèrent, sa garde spéciale
de jeunes gens fut désarmée en territoire
français, et le père et le fils en exil furent
sauvés. Peu après, le gouverneur militaire faci-
lita le départ des autres autorités, dont la présence à la capitale pouvait devenir gênante, et
vingt jours après l'attaque, il n'y avait plus de
personnages à Yunnansen que des hommes de
la révolution.

La ville était loin d'être calme pourtant; huit
jours seulement après le départ des mandarins,
encore un train spécial emportait une partie de
l'état-major de Tsai lui-même : ces collaborateurs de la première heure annonçaient que la
situation du jeune chef militaire était des plus
critiques, et que, menacé par ses troupes, il ne
pourrait tenir tête longtemps; eux filaient avant
le massacre qu'ils prédisaient. En effet, beaucoup en voulaient à Tsai de n'être pas un
homme de la province, d'être du Hounan, et

on lui opposait un autre général de brigade, du Yunnan celui-là, M. Li. Dans la forteresse où Tsai avait installé ses services avec une administration complète, le bureau central du téléphone étant dans son appartement, les querelles de palais passaient pour être violentes. Li sentait sa popularité. Tsai le redoutait. Pourtant ils s'accordèrent, du moins Tsai fit placarder sur les murs une proclamation qui démentait les faux bruits de leur désaccord, et annonçait leur entente. Peu après, Li était parti dans le Nord, à Likiang, avec des soldats pour rétablir l'ordre dans la région. C'étaient au cours de novembre des déplacements de troupe constants le long de la ligne, autant d'ailleurs pour arrêter les pillages des bandits dans les campagnes ou dans les villes de l'intérieur que pour refréner dans la capitale les velléités de pillage des troupes elles-mêmes. A Yunnanfou, un régiment murmurait qu'il avait été de garde toujours, de-ci de-là, aux jours de bonnes aubaines, et sur ses menaces, les banquiers qui n'étaient pas fort rassurés offrirent aux soldats un dédommagement qu'on fixa à 40.000 taëls, plus de 120.000 francs. Maintes fois la nuit on entendait des fusillades et des feux de salve qui semblaient n'avoir d'autre but que d'assurer que les soldats étaient maîtres de la place. Un jour, ils avaient pris comme cible l'hôpital français, où Tsai pourtant venait

souvent, où les leurs étaient soignés ; ils arrêtèrent le feu dès qu'on les en pria. Il n'y avait
pas grande sécurité. On retrouva seulement
le calme après que Tsai eût réussi à faire partir
ses soldats de la ville en envoyant la plus grande
partie au nord, à la « conquête du Seu-tchoan »,
selon le grand projet d'indépendance régionale,
d'arrangement économique et à la fois de di-
version que nous exposerons plus loin.

L'intérieur du pays, même quand les troupes
le parcouraient, n'était pas plus tranquille. Sans
doute, beaucoup de petits mandarins, opportunistes, étaient restés à leur poste, au lieu de
fuir comme avaient fait ceux des grandes villes.
En d'autres endroits, ils avaient remis les
sceaux au conseil municipal improvisé qui les
réclamait sous menace d'égorgement ; mais ça
n'avait pas été partout si simple. Il y avait eu
des mystifications. A Yongpé, c'était un mandarin Tien qui exerçait le pouvoir. Sous peine
de mort, en prétextant un ordre du gouverneur
Tsai, on exigeait de lui les sceaux. Il demanda
un sursis de quelques jours, télégraphia au
gouvernement militaire, qui, averti, donna des
ordres à un officier pour faire couper la tête à
l'imposteur, dont le mandarin Tien fut ainsi
débarrassé, ainsi que des prétendus conseillers
municipaux qui se débandèrent sans retard.
Les troubles de Tali, jolie ville de plaisance au
bord du lac, à côté d'un riche marché commer-

cial, tentation des pillards, les désordres de la région ne cessèrent qu'à l'arrivée de M. Li, lieutenant du Tsai et de ses troupes ; pourtant, déjà auparavant les soldats locaux et la population armée avaient eux-mêmes mis à mort plus de quatre cents bandits. Souscriptions, contributions, taxes, likins, l'argent est assez difficilement levé, même l'impôt foncier, encore qu'on ait renoncé à exiger en même temps, comme on avait fait jusqu'alors, le double impôt, moitié donnant droit à des actions du chemin de fer régional projeté. Aujourd'hui, qui ne veut pas payer n'a qu'à refuser, on ne l'oblige pas. Beaucoup de coolies ont été débauchés pour devenir soldats et les travailleurs manquent aux champs. On a recommencé en maints endroits à replanter l'opium qui était une monnaie et une richesse, surtout dans les villages isolés, éloignés de centres de communications, où le transport est difficile. Les petites cultures de remplacement auxquelles avait acculé la sévérité des vice-rois précédents et surtout de Siliang, celles du coton et de la soie, *a fortiori* celles du froment, des fèves et des petits pois, ont été abandonnées, et de beaux champs de pavots fleurissent, rose, mauve, blanc, partout, même à proximité de la voie ferrée qui permet pourtant le transport de marchandises de moindre prix ; et là où les soldats et la police naguère luttaient à mort, égorgeant

femmes et enfants quand les hommes avaient
fui, dans ces villages si troublés hier, aujour-
d'hui la tolérance est aveugle. Ailleurs, le long
de la ligne, les maisons d'équipe sont attaquées,
des Annamites tués, pour leur voler quelques
piastres. On redoutait un soulèvement, une
descente des 50 ou 80.000 ouvriers des mines
d'étain de Kotsiou, dont le travail est arrêté
périodiquement à ces saisons ; ils recevaient
difficilement leur riz à cause des interruptions
de la voie ferrée et on craignait l'entrée en
campagne de cette armée de réserve de la révolution, de ces rudes indépendants, insoumis
aux autorités !

Ce qui attira le plus l'attention dans la même
région, ce furent les désordres de Mongtze. La
ville est riche, c'est un centre de distribution
important au croisement de grandes routes, et
les transitaires y ont des dépôts considérables.
Le 21 novembre, le général Tsao y arriva par le
train. Jeune révolutionnaire envoyé de Yunnanfou par Tsai, formé au Japon lui aussi, il annonça
la venue prochaine des troupes de Lingan, qui
en effet trois jours après débouchèrent par la
route de l'ouest. Personne ne songeait à résister, car le taotai avait fui avec sa famille. Au
milieu de l'après-midi, des coolies porteurs de
bagages apparurent en avant-garde. Les quarante
hommes de la police municipale vinrent avec les
notables recevoir les troupes qui entrèrent le

soir en ville, comme avait négocié le général
Tsao. On arbora les drapeaux révolutionnaires
rouges à étoiles blanches, c'est bien plus tard
seulement que le drapeau républicain aux cinq
bandes flotta. On avait promis aux soldats,
indépendamment de leur solde, une gratification de 50 francs qui ne leur fut pas versée.
Ils résolurent de se servir eux-mêmes. Ils pillèrent, le soir du 3 décembre, plusieurs maisons
de riches commerçants chinois, un magasin
italien, un grec, un allemand, et le caveau de la
compagnie du chemin de fer du Yunnan où ils
savaient que le commissaire des douanes chinoises avait déposé plus de 20.000 taëls, une
soixantaine de mille francs en lingots. Tsao
s'enfuit, ne pouvant les arrêter. Plusieurs étrangers qui fuyaient sous un tunnel reçurent des
balles qui les blessèrent grièvement. Toute
cette attaque avait été conduite très méthodiquement, les soldats obéissant aux coups de
sifflet des chefs pour piller et incendier. Les
portes du consulat de France reçurent des
balles. Le lendemain, dans une gare voisine, à
Tsetsuen la police du chemin de fer fut avertie
de ne pas se défendre et on pilla des maisons
d'agents européens en dévalisant la moitié d'un
wagon d'opium stationné là. Ça aurait pu continuer et reprendre, surtout à Mongtze, si les
officiers supérieurs Li et Kong, arrivés avec
Tsao le 21 novembre, n'avaient arrêté leurs

troupes auxquelles ils avaient lâché bride le 3 décembre. Ils n'en furent pas récompensés; de Yunnanfou, Tsai envoya le général Lo qui évacua les troupes pillardes au nord, maintenant près de lui les deux officiers, et quand ils furent isolés de leurs soldats qui auraient pu les venger, un soir où ils étaient venus lui dire adieu, avant de reprendre le train, il leur fit brûler la cervelle et pendit leurs têtes à la muraille dans des cages de bois, le 15 décembre. Il procéda à de nombreuses exécutions en ville, de pillards ou de soldats déserteurs trouvés porteurs d'argent ou d'objets européens. De nombreuses têtes furent exposées, parfois une quinzaine en une même journée; la répression fut cruelle. Le délégué du gouverneur militaire régla aussitôt avec les consuls la question des indemnités à verser aux Européens dépouillés ou lésés; il fit payer une vingtaine de mille francs presque tout de suite; une somme égale fut versée cinq semaines plus tard pour ce qu'on appela les « petits pillages », et les réclamations plus importantes des commerçants ou des blessés furent portées à la capitale où lui-même se rendit le 20 janvier, remplacé alors par le commandant Ho venu de Yunnanfou.

Au cours de ces événements de Mongtze, où des Français ou protégés français avaient souffert, la constante préoccupation non seulement du gouverneur militaire, mais même des notables de la ville, fut la crainte de l'intervention française. La Chambre de commerce de Haï-phong la demanda au gouverneur général de l'Indo-Chine et des personnages considérables dans le monde colonial pensaient que nous avions, après ces événements, des raisons d'envoyer des troupes au Yunnan beaucoup plus légitimes que n'en avaient eu les Allemands ou les Anglais à Canton qui sur de simples craintes avaient débarqué des marins à Chamine. Pourtant le ministère des Affaires étrangères avait donné instruction formelle à son délégué de ne pas quitter son poste, et, comme on ne peut songer à faire entrer des soldats au Yunnan avant d'en avoir fait sortir tous nos nationaux, il est certain que le quai d'Orsay n'admettait pas l'intervention. Dix-sept gendarmes de la colonie simplement, et quelques auxiliaires annamites, passèrent la frontière soulevant seulement quelques vaines protestations des autorités chinoises; l'incursion fut d'ailleurs de courte durée. D'autre part, à aucun moment, même après que ses agents français furent attaqués et indemnisés, quelque-uns même, des Annamites, tués, la compagnie du chemin de fer ne renonça à exécuter son service; il n'y eut pas de retraite, d'évacuation comme au Chansi; chacun resta à son poste et les trains furent assurés autant que le permettait l'état de la ligne. Cette conduite des Français : non-intervention militaire, même justifiée, d'une part; continuation d'autre part de l'exploitation de la ligne, au moment où elle servait tant à éviter et l'effusion du sang en emportant les personnages de l'ancien régime, et les troubles locaux en transportant rapidement des troupes, surtout les six premières semaines de la période révolutionnaire, cette stricte neutralité de la France ne fut pas sans surprendre beaucoup de Chinois, et peut-être, avant tous, le gouverneur militaire lui-même. Au moment où il avait intérieurement de grosses difficultés, nous ne cherchions pas à lui en ajouter du dehors; notre neutralité garantissait la liberté aux Chinois; il ne dépendait que d'eux de régler leurs affaires intimes; nous ne nous en mêlions pas; nous offrions seulement nos bons offices d'humanité, d'hospitalité, de secours médicaux et de transport. Nous n'essayions pas de pêcher en eau trouble. C'était manifeste; non seulement nous ne cherchions pas un prétexte, mais nous ne profitions pas des meilleures raisons.

*
* *

Dès lors, le gouverneur militaire, libre de tous soucis de ce côté, conçut un plan qui ne manque pas de grandeur. La question militaire, au Yunnan comme partout en Chine pendant cette révolution, était essentielle : que faire des troupes dont on s'était servi pour le coup de main initial ? Comment les obliger à rentrer dans l'ordre ? La conduite de la France permit au jeune dictateur de régler la question de la manière la plus élégante. Du moment qu'il n'y avait plus rien à redouter des Français au Sud, c'était inutile d'immobiliser des troupes pour tenir tête à l'invasion étrangère sur le sol national; on pouvait s'en débarrasser, et très utilement, en les envoyant au Nord à la conquête de la riche province du Seutchoan, troublée depuis si longtemps; là les bonnes troupes yunnanaises, mieux armées que toutes autres en Chine avec des mauser 1908 et des krupp 1909, bien formées, pourraient rétablir l'ordre à leur profit; 5.000 hommes partirent bientôt au Seutchoan, 3.000 partirent plus tard au Koeitcheo; Tsai ne gardait auprès de lui que deux régiments d'infanterie et une compagnie de cavalerie. Le grand projet était alors de former, des provinces du Yunnan et du Koeitcheo déjà unies jadis sous un même vice-roi, mais pauvres, trop pauvres pour mettre en valeur les richesses de leur sol montagneux et de leur sous-sol, en y annexant la riche province du Seutchoan, un puissant État indépendant, les trois *provinces de l'Ouest*, sorte de pendant des trois *provinces de l'Est*, qui constituent la Mandchourie. Des télégrammes furent échangés avec Sunwen traitant du projet ; les bannières des soldats du Yunnan partant en campagne portaient les caractères *Tsutchoan :* à la conquête du Seutchoan ! Cette province de si grande valeur économique a peu de soldats ou de mauvais éléments. Le Yunnan en a d'excellents. Ensemble ils formeraient un très bel État fédéré sous un seul *toutou.* L'état politique de la province, aussi bien que celui de Koeitcheo, permettait ces ambitions du gouvernement militaire de Yunnanfou.

Au Koeitcheo, le premier *toutou* ou gouverneur militaire fut un sergent; quatre se succédèrent; Yang, qui resta le plus longtemps, s'enfuit devant le désordre provoqué par la société des Vieux Frères, menés par un certain Wang qui fut saisi et décapité quand les troupes furent annoncées. A cette nouvelle, les soldats de Wang se débandèrent et les sous-chefs tuèrent le chef.

Au Seutchoan il y avait rivalité de plusieurs *toutous* en même temps et surtout de celui de Tchentou avec celui de Tchong King qui aspirait à devenir capitale. Le désordre est de ce fait considérable. Le bruit a couru aussi d'une invasion de la province par une armée impériale et les Yunnanais seraient bien accueillis s'ils venaient ainsi au secours de la province révolutionnaire.

Au moment où les journaux attaquent Tsai, sans le nommer, il est vrai, tant on redoute son

énergie implacable, au moment où on lui
reproche le malaise, la stagnation des affaires,
les ventes forcées de quartiers entiers pour réaliser en espèces, tant on craint pour l'avenir là
même où l'on fondait naguère les plus grands
espoirs de trafic ; au moment où lui-même est
obligé de faire couper traîtreusement beaucoup
de têtes de chefs militaires, indisciplinés selon
son gré ; au moment où les soldats eux-mêmes
déjà chargés d'argent pillé et de munitions
sont sa constante préoccupation, au point qu'il
n'a réussi à passer la bourrasque qu'en faisant
rentrer en ville les canons et sortir les soldats,
sauf 600 fidèles qu'il garde autour de lui, à ce
moment la solution de l'annexion du Seutchoan,
rendue possible par la conduite de la France,
lui paraît le salut.

Quand il a fait revenir à la capitale les
troupes pillardes de Mongtze, il a voulu les
désarmer et n'y a réussi que par un stratagème.
A Ileang, à 60 kilomètres, elles avaient délibéré
deux jours, et décidé, en prêtant serment dans
les auberges, de mourir plutôt que de rendre
leurs fusils. Elles arrivèrent dans ces disposi-
tions au camp d'Oukiapa, à une lieue de la ville.
Lui fit jouer la comédie, invita les soldats à
y assister et pendant la représentation fit
prendre dans les casernes tous les fusils et les
cartouches. La bataille qu'il avait redoutée et
annoncée même aux consuls était ainsi habile-

ment évitée ; mais comme il préférait rendre
leurs armes à ces soldats et les expédier au
loin, le départ pour le Seutchoan ne tarda
pas.

Le plan ne semble pas avoir abouti. Les soldats yunnanais ont rançonné des villes du
Seutchoan ; ils ont vécu largement sur le pays
envahi. Il a même été question de se débarrasser
de quelques-uns en les envoyant secourir les
républicains du Chensi. En d'autres endroits,
comme aux mines de Tselioutsin, ils se sont
battus contre les Seutchoanais, au lieu d'être
reçus par eux en sauveurs ; ils s'avancent de
plus en plus vers Tchentou et c'est seulement
à la fin de février qu'on parle d'une entente
entre les deux provinces, l'une promettant à
l'autre une pension annuelle de 120 wans,
environ trois millions et demi de francs, moyennant quoi les Yunnanais, libérateurs du Seutchoan, le délivreront aussi de leur présence et
rentreront dans leurs montagnes. C'est à peu
près ce que me disait le 15 mars 1912, dans
la grande salle où il m'offrait du thé et du
poiré champagnisé, le jeune et habile gouverneur militaire. Il ne semblait plus tenir beaucoup à son grand projet ; il n'empêche qu'à un
moment, c'est sans doute ce qui lui a permis
de se maintenir au pouvoir : il a pu expédier
très loin les éléments les plus turbulents.

*.
+ +

Ainsi rassuré, le gouverneur a donné des fêtes et en a ordonné. D'abord ce fut la fête officielle du nouvel an qu'on célébra une quinzaine en retard, à Yunnanfou comme à Nanking, à Changhaï, par toute la Chine révolutionnaire qui le 15 janvier adoptait le calendrier étranger. Les cinq couleurs étaient tendues dans les rues, mais par ordre, et la cérémonie était plutôt officielle que populaire. C'était le nouvel an des fonctionnaires du nouveau régime et tout se passa en une réception au gouvernement militaire. Cela n'empêcha pas le peuple de célébrer, un mois après, son nouvel an traditionnel et surtout le quinzième jour de cette période de réjouissance, la fête des lanternes, le 3 mars. Non seulement le nouveau régime ne s'y opposa pas, mais il profita de la circonstance pour célébrer la première grande fête républicaine populaire. La ville fut illuminée trois jours, la veille et le lendemain. Plus de 7.000 voyageurs prirent le chemin de fer pour venir de la campagne à la capitale à ce moment-là. Il y eut des pétards, des estrades, un grand lunch debout en plein air sur le terrain militaire au milieu des troupes, devant les délégations des écoles de toutes les associations, et même de l'ancienne Chambre provinciale. Ce fut la grande fête civique de la République. A

Mongtze, le même jour, ce furent des jeux
militaires qui constituèrent l'essentiel d'une
sorte de réunion sportive à laquelle assistaient aussi les étrangers, oublieux des avanies
subies trois mois auparavant ; après cette partie
physique du spectacle, la scène prit un caractère symbolique et éducateur ; les soldats tour-
naient en dérision le culte des bouddhas dans les
pagodes, la vente de la justice par les mandarins
au yamen, les satisfactions demandées à l'opium
dans les fumeries, et des images de violence,
des gestes d'iconoclastes furent présentés
contre lesquels ne manqua pas de protester
le peuple débonnaire du Yunnan. Les soldats brisaient des idoles ; mais au Toutitan,
pour la fête des dieux de la terre, peu après le
paysan allait à la pagode faire des réparations,
matérielles et morales ; et le *toutou* Tsai se
promet d'être très tolérant pour l'opium, car il
sait que le pavot fleurit fraîchement par les
champs de sa province, et même les plus
voisins de la voie ferrée.

*
* *

Bientôt les troupes du Yunnan reviennent au
pays. Elles ne sont pas nombreuses et elles
seront vraisemblablement assez bien pourvues
pour n'être pas dangereuses. Il ne semble pas
que le gouverneur redoute beaucoup de cette

rentrée. C'est un moins gros problème qu'à
Canton. Le personnel est beaucoup moins considérable en nombre et en importance au
Yunnan. Est-ce à dire qu'il soit plus accommo-
dant? Il ne faudrait pas se hâter de le conclure.
Les Chinois ont certainement été contents que
nous les ayions laissés tranquilles, maîtres chez
eux, pendant leurs difficultés et n'ayions pas
abusé de la situation pour leur jouer des tours.
Ils n'ont pas voulu d'affaires ; mais là où il
en existe ils ne sont pas soucieux de les régler en
donnant aux étrangers une influence. Les achats
d'immeubles pour les missionnaires durant ces
temps-là ont été aussi difficiles que jamais. Les
nouveaux fonctionnaires opposent les mêmes
raisons ou les mêmes prétextes que les anciens
trouvaient : antériorité d'hypothèques, impossi-
bilité d'aliénation, et ils n'entendent pas faciliter
des arrangements qui consolident des situations
assises ; on est aussi rétif aujourd'hui qu'hier,
pour des motifs à peu près analogues. La
méthode d'obstruction persiste. Il ne faudrait
pas croire que les recherches minières vont
être libres, que les 45 kilomètres de voie qui
desserviraient les gisements stannifères de
Kotsiou vont être construits, que des ports vont
être ouverts, et Yunnanfou en particulier, qu'on
aura plus de liberté dans les entreprises pour
louer des terrains, engager du personnel, rassembler des matériaux. Il semble que là comme

14

ailleurs les Chinois veuillent être de plus en
plus chez eux et s'inspirent avant tout de leurs
besoins. Il est possible qu'ils soient plus favorables aux petits prolongements et embranche-
ments dans les plaines qu'aux difficiles et coû-
teux projets vers le Seutchoan, encore qu'ils
continuent de payer à l'ingénieur américain qui
a été chargé des études les appointements mensuels considérables qu'il touchait sous l'ancien
régime. C'est plus logique de construire une
quarantaine de kilomètres dans la partie rive-
raine du lac de Yunnanfou pour desservir cette
région riche et peuplée ou vers Yonglin pour
le trafic local des céréales et des primeurs;
ou vers le Kientchang, riche en cuivre, en
zinc, en cire; voire même de pousser jusqu'au
Tchouhiongfou pour transporter le sel de
Heiyentsin et desservir la région de Tali;
c'est en tout cas plus économique et plus facile
que de courir la grande aventure du prolonge-
ment jusqu'à Souifou.

Il est pourtant bon de dire très franchement
dès maintenant que ces modestes projets, pour
lesquels le métal de la province serait toujours
une garantie, sont tout ce qu'il serait prudent de demander à un gouvernement indépendant dans cette région. La surface économique d'un Yunnan isolé du reste de la Chine
n'est pas très large. Que le Koangtong indépendant ait des ambitions ? on peut entrer en

relations avec lui : il a de quoi payer. Le Yunnan ne peut guère être que modeste. C'est pour
cela aussi qu'il n'est pas très tentant. En le
voyant clairement, nous nous sommes conduits
dignement vis-à-vis de ce jeune gouvernement
militaire. Qu'il veuille seulement le reconnaître à l'occasion, et faciliter l'application
d'une sérieuse police frontière. Du moment
qu'il n'est plus question d'occupation territo-
riale et d'action politique, la sécurité au Tonkin et l'ordre chez nos proches voisins ont
bien autant de prix que de contestables avantages économiques en pays étranger.

XI

LES ÉLECTIONS POUR L'ASSEMBLÉE NATIONALE

Le gouvernement républicain provisoire, dont Yuan Che Kai assume la direction depuis la retraite de la dynastie, doit prendre fin quand l'Assemblée nationale, comprenant Chambre haute et Chambre basse, aura voté une constitution et désigné un président de la République définitif.

Les décrets présidentiels, qui réglementent la constitution de ce premier Parlement de la République chinoise définitivement établie, ont paru le 10 août 1912 et les élections ont été fixées : pour les assemblées provinciales qui éliront les sénateurs, élections préliminaires le 16 décembre, élections principales le 16 janvier ; pour la Chambre des députés, élections préliminaires le 20 décembre, élections principales le 20 janvier ; pour le Sénat par les assemblées provinciales le 10 janvier 1913, par les dépendances le 20, par les institutions centrales le 10 février, par les Chinois du dehors le 10 février. Certains endroits ont obtenu des délais, mais qui ne dépassent pas 26 jours.

Le ministre de l'Intérieur a désigné un bureau préparatoire des affaires de l'Assemblée et des contrôleurs des élections pour assurer la régularité de ces opérations importantes.

Le décret présidentiel du 9 janvier annonce :

1° Que tous les membres des Assemblées provinciales se réuniront dans les capitales de leurs provinces respectives et que, dès l'arrivée des deux tiers du nombre total, on devra procéder à l'ouverture des assemblées et le lendemain à l'élection des sénateurs ;

2° Que tous les représentants et sénateurs élus n'ont qu'à se réunir à Péking pour la troisième lune, c'est-à-dire pour le mois de mars et que, dès l'arrivée de plus de la moitié des membres de chaque Chambre, l'inauguration des deux Chambres du Parlement aura lieu en même temps. Il n'est pas indiqué de date fixe.

Tels sont les règlements concernant les époques et les formes de l'opération d'où dépend l'installation du gouvernement décisif et stable de la Chine.

Quant au fond, il faut distinguer la manière

dont l'événement était prévu de celle dont il s'est accompli en réalité.

*
* *

La Chine doit constituer deux assemblées parlementaires : un Sénat (Tsan i yuan) et une Chambre des députés (Tchong i yuan).

Pour le Sénat, il est nommé par les assemblées provinciales au deuxième degré.

Chaque province doit élire 10 députés, soit 220 pour les 22 provinces ; la Mongolie en nomme 27, le Tibet 10, le Tsinghai 3, l'Association centrale de l'éducation 8, et les Chinois résidant à l'étranger 6. Ce Sénat comprend ainsi en tout 274 membres.

On est élu avec un tiers des suffrages présents, mais les électeurs provinciaux ne peuvent commencer le vote s'ils sont moins des deux tiers de leur nombre total. On fait autant de tours qu'il est nécessaire pour atteindre le résultat ; et on désigne par le même procédé autant de sénateurs supplémentaires que des sénateurs en titre. Les conseillers votants doivent désigner la moitié des élus en dehors de leur groupe. Pour l'autre moitié, ils peuvent choisir parmi eux. Les sénateurs sont élus pour six ans, renouvelables par tiers tous les deux ans.

Quant aux députés, ils ne sont pas nommés

non plus au premier degré, mais par des commissaires déjà élus par les hommes de plus de 21 ans ayant 2 ans de séjour au moins dans la localité, et remplissant une des quatre conditions suivantes : payer 2 piastres d'argent d'impôt (5 francs), ou posséder plus de 500 dollars d'immeubles (1.250 francs) ou avoir terminé leurs études primaires, ou avoir des connaissances assimilables à celles que comporte le certificat d'études primaires.

On ne peut être élu que si on a 25 ans, et si on connaît le chinois, quand il s'agit des pays rattachés, comme la Mongolie et le Tibet.

Mais n'ont pu participer aux opérations, ni comme électeurs, ni comme élus : les condamnés privés de leurs droits civiques, les banqueroutiers frauduleux, les fous, les fumeurs d'opium, les illettrés, les militaires de terre et de mer, les fonctionnaires de toutes espèces : administrateurs, juges assesseurs, agents de police, les ministres des cultes taoïste, bouddhiste, musulman, catholique, protestant. De plus, les maîtres d'école, ou les élèves, ne peuvent être candidats.

Chaque province est divisée en cantons d'une ou plusieurs sous-préfectures. L'unité de circonscription n'est point la sous-préfecture, traditionnelle unité d'administration ; il y a des salles de vote réparties dans les sous-préfectures.

Autant de 800.000 habitants, autant de députés dans une province avec un minimum toutefois de 10, même si la province ne compte
pas 8 millions d'habitants ; dans chaque unité
de vote qu'est le canton, on commence par
nommer 50 fois plus de commissaires, pour
élire les députés, qu'on ne doit désigner de
députés finalement ; le bulletin de vote ne
comporte jamais qu'un seul nom ; le député peut être choisi en dehors des commissaires.

L'électeur doit se rendre en personne à la
salle de vote et signer sur le registre de vote;
on ne peut voter par procuration. Les commissaires sont indemnisés pour les frais de voyage
au canton, selon la distance.

Voici le nombre des députés à élire dans
chaque province :

Tcheli	46	Nganhoei	27
Kiangsou	40	Hounan	27
Kiangsi	35	Houpei	26
Seutchouan	35	Foukien	24
Tchekiang	33	Yunnan	22
Chantong	33	Chensi	21
Honan	32	Koangsi	19
Koangtong	30	Moukden	16
Chansi	28	Kansou	14
		Kocitcheo	13

Heilong Kiang ⎞
Kirin . . . ⎬ 10
Sinkiang . . ⎠

Soit au total 556.

Il faut ajouter les 27 de Mongolie, 10 du Tibet et 3 du Tsinghai. Soit en tout 596 députés.

Ils sont élus pour trois ans.

On ne peut être à la fois sénateur et député. Les sessions parlementaires s'ouvriront en même temps dans les deux Chambres et seront de 4 mois, mais pourront être prolongées.

Jusqu'à ce que le congrès de deux Chambres ait voté une constitution, la loi provisoire qui a réglé le pouvoir de l'assemblée précédente sera appliquée.

En cas de contestation sur les noms, 10 déclarations positives dans les trois jours contre une validité obligent à procéder à un second vote pour les élections primaires.

Outre les noms des élus, les cartes de vote doivent porter le lieu d'origine de la famille.

*
* *

On comprend que cela ait été, tout le long du gouvernement provisoire, la préoccupation constante de Yuan. Dès l'hiver de la révolution, du moment où il envoya par toutes les

provinces des « pacificateurs » qui n'étaient
rien moins que les personnages les plus con-
nus et les plus influents de leur propre pays,
Yuan se préparait une clientèle ; et le 15 décembre 1912, ce n'est pas sans amertume que son
décret apprenait à la nation que des urnes
avaient été enlevées, des bureaux de scrutin
saccagés, des violences exercées, toutes sortes
d'irrégularités tentées pour fausser le vote.
Sans doute cela se passait dans les rares régions qui ne sont pas encore soumises à son
influence ; mais il n'en proclamait pas moins
le principe que les élections doivent organiser
l'Assemblée, non réaliser les vues égoïstes
d'un parti, répétant son ordre du 10 juillet au
moment où la lutte violente des partis prolon-
geait plus d'un mois la crise ministérielle.
Quoique pour la première fois reconnues dans
un pays où n'étaient autorisées que les associations religieuses et économiques, les associations politiques furent loin de donner satisfaction à Yuan. Le jeu normal de l'institution
nouvelle fut bouleversé par les partis ; c'était
très différent des intrigues de cour dont Yuan
connaissait le jeu de bascule. Le seul parti
qui fût organisé, le parti républicain socialiste
de Sunyatsen, le dérouta par ses violences
triomphantes. Ce n'était pas la lutte des partis ;
c'était la manœuvre écrasante d'un parti sans
adversaire expérimenté.

Heureusement pour Yuan, il avait pris d'avance ses défenses contre de si bruyants succès. Certaines élections comme celle de Hankeo furent retardées. La bourgeoisie libérale, instruite et à l'aise, qui prit corps autour de Yuan et servit sa politique par les traditionnelles manœuvres et les conciliabules secrets, s'alarma au premier moment et se découragea un instant des éclatantes annonces des adversaires *Kouo Ming Tang ;* mais Yuan eut le temps de préparer ses effets, et le triomphe des modérés dans le Kiangsou ranima les courages, faciles à abattre, de ses alliés et éteignit la jactance des arrogants triomphateurs. La politique de Yuan, temporisateur et réformiste, s'affirma peu à peu au-dessus de celle des socialistes révolutionnaires.

On ne peut pas parler de programme dans ces élections. Même les partisans de Sunyatsen n'ont point une idée très nette de ce que peut être l'esprit et le travail d'une assemblée parlementaire gouvernant le pays ; ils n'ont guère revendiqué jusqu'ici que des droits à se gouverner eux-mêmes localement, dans les provinces où ils ont triomphé comme dans le Kouangtong et le Hounan, et moins nettement dans le Yunnan et le Tchekiang. Les ligues de modérés qui s'opposent à ce parti avancé ne sont pas à proprement parler des partis. C'est le Konghotang, le Tongyitang et le Minchetang

qui se réclament de personnalités comme Yuan
Che Kai, Liyuenhong, Liangtsitchao ; et ni les
uns ni les autres n'ont un programme de gouvernement central très sensiblement différent
de celui de l'ancien régime. Si Yuan a con-
senti à sanctionner le pouvoir des chefs de province, élus ou désignés en dehors de lui, il
entend que le principe soit qu'ils sont à sa disposition ; de même pour la police et les finances
locales aussi bien que pour les grands services
comme les mines ou les chemins de fer. Parmi
les idées sans cohésion émises au cours de ces
élections, beaucoup sont loin d'être favorables
aux étrangers et dénoncent une crise de natio-
nalisme jaloux qui se manifeste par l'interdiction officielle de vendre des terrains aux étrangers, même autorisés à acheter, contre laquelle
les consuls de France et d'Angleterre au Seutchoan ont déjà protesté. Le triomphe du parti
nouveau ne serait pas du tout l'ouverture de la
Chine, plus ou moins promise dans le « Joyeux
manifeste aux nations » de Sunyatsen. La prétention suffisante de ceux qui ont vécu quelque temps à l'étranger, sans y avoir solidement
étudié, ne permet pas de solutionner facilement les questions : ces jeunes gens ont l'esprit beaucoup moins équilibré que celui des
hommes du gouverment réformiste dont Yuan
est le meilleur type.

Pour ces élections il n'y eut ni partis ni programmes. Il n'y eut pas non plus beaucoup de régularité. Tout d'abord les chiffres d'inscrits ont été très inférieurs à ceux que les conditions de vote laissaient prévoir. Une grande ville comme Shanghaï n'a eu que 51.042 électeurs ; soit que les autorités aient eu trop peu de temps pour établir les listes dans un pays sans état civil, soit que les intéressés n'aient pas mis beaucoup d'empressement à déclarer leurs revenus, les chiffres établis furent inexacts. On s'est servi des listes de chambres de commerce où sont relevés les noms des commerçants patentés. Mais beaucoup de propriétaires à l'aise se sont tenus à l'écart : il a toujours été dangereux de passer pour riche, et les révolutionnaires, plus que personne, ont exercé des réquisitions abusives, sous prétexte de protection des biens et des fortunes. Après le scrutin, il y eut beaucoup de protestations contre le prolétariat intellectuel qui ne représente pas du tout la moyenne chinoise et a souvent été l'élément principal dans cette première expérience. L'indifférence, réelle ou voulue, a été très grande, en dépit des quelques manifestations et des urnes qui durent être protégées à la baïonnette.

Yuan a préparé et influencé les élections, mais les premières Chambres à qui furent remises les destinées du pays ne peuvent inspirer confiance qu'autant que Yuan reste au pouvoir et les guide. C'est ce qu'il a fait dans la proportion où il a voulu s'en servir. Elles représentent un peu plus exactement le pays que les deux assemblées révolutionnaires de 1912, mais on peut assurer qu'elles ne peuvent avoir plus que leurs devancières le sens exact des limites de l'exécutif dans un gouvernement républicain. Le Parlement chinois ne peut être utile au pays qu'en tutelle, tout le temps de son apprentissage. C'est ce qui explique le rôle très peu important que Yuan lui a laissé, depuis l'ouverture de la session de printemps 1913.

XII

On appelle gouvernement provisoire en
Chine tout l'interrègne pendant lequel Yuan
Che Kai assure la direction des affaires courantes de son pays, sans mandat de la nation
à proprement parler, et sans que les puissances
étrangères aient reconnu son autorité : c'est le
gouvernement de Yuan. Les députés et les
sénateurs de la nation arrivés à Péking le
8 avril 1913 n'ont point montré grand'hâte de
le faire cesser. Il dure encore en octobre.

*
* *

Ses origines n'ont rien de républicain.
Depuis que, comme premier ministre de
l'Empire écroulé, Yuan a été chargé, par décret
impérial en date du 12 février 1912, « d'orga-

niser avec pleins pouvoirs un gouvernement
républicain provisoire », l'ancien gouvernement
chinois a cessé d'exister, et pour les puissances
étrangères qui n'ont plus accrédité leurs nouveaux représentants, et pour les provinces de
l'Empire ; mais jusqu'à maintenant, ni les unes
n'ont encore reconnu dans l'ensemble, ni les
autres n'ont ratifié un nouveau gouvernement
chinois établi d'une manière stable et définitive.
Les puissances attendent que les Chambres
aient fait leur œuvre de politique intérieure
et les Chambres, pour limiter l'autorité présidentielle, prétendent voter une constitution
républicaine avant d'élire un président.

C'est sur la demande pressante des princes,
qui voyaient en lui une garantie contre les
républicains sudistes, comme le Trône avait vu
en lui le soutien de la dynastie en novembre,
ce n'est point grâce aux républicains que Yuan
est devenu chef du gouvernement provisoire, et
l'on comprend qu'il s'en défie encore aujour-
d'hui. Tout d'abord on avait prévu qu'il démis-
sionnerait, comme le gouvernement révolutionnaire de Changhaï, au moment où l'Empereur se retirerait des affaires, après le décret
secret du 3 février sur le traitement libéral à
accorder à la Cour. Il ne devait plus exister
alors ni empereur à Péking, ni république à
Nanking. Un gouvernement d'union nationale,
composé de républicains et de monarchistes,

convoquerait l'Assemblée nationale dans les
trois mois pour qu'elle-même décidât de la
forme de gouvernement. L'interrègne devait
être de quelques mois; il fut de plus d'une
année. Il dure toujours; l'Assemblée nationale
a été inaugurée le 8 avril (ordre présidentiel
du 9 janvier) « quand plus de la moitié des
membres de chaque Chambre furent arrivés à
Péking ».

Cette longue durée, qu'on n'avait pas prévue, n'a pourtant pas affermi ce gouvernement. Elle a tout au plus consolidé au pouvoir
l'homme qui le représente et qui tire sa force,
avec l'origine de son autorité, des éléments les
plus disparates : princes et révolutionnaires,
mais surtout réformistes de l'Empire libéral
des dernières années. C'est sa faiblesse aux
yeux des républicains révolutionnaires.

Depuis la dislocation du début, et les tenta-
tives d'indépendance qui se manifestèrent dans
les différentes régions du pays au Seutchoan
et au Kouang Tong surtout; depuis que les
relations administratives ou même télégraphiques ont été rompues, un moment, entre la
capitale et les provinces, Yuan n'a pas encore
pu rétablir l'autorité centrale, même nominale,
qui reliait entre elles, avant la crise, les provinces de l'Empire; et aujourd'hui, quoi qu'il
en coûte à la naturelle fierté des révolutionnaires qui ont brisé l'ancien régime, il semble

15

qu'il dépende bien plus des étrangers que des
Chinois de faire cesser ce caractère de provisoire qui empêche Yuan de gouverner véritablement.

Voilà longtemps que le président Yuan travaille à faire reconnaître son autorité souveraine parmi ses concitoyens. Il est bien accepté
unanimement comme l'homme indispensable;
mais sa situation reste précaire. Tout son effort
semble consister à se maintenir et à attendre
l'avenir pour véritablement exercer le pouvoir.
Jusqu'à la conclusion de l'emprunt du 26 avril
1913, il n'en eut jamais les moyens; et c'est
l'étranger qui dut le mettre en état de décider
enfin de sa propre autorité, en lui donnant
l'argent qu'il faut pour influencer ses compatriotes, pour établir suffisamment son crédit,
même parmi les siens. C'est depuis lors seulement que le serviteur de l'Empire libéral peut
tenter de réaliser les réformes dites républicaines auxquelles il travaille depuis une dizaine
d'années. Jusqu'à cette échéance, le provisoire
ne put que durer et la Chine resta pour beaucoup à la merci des financiers et des hommes
d'affaires. Péking n'a végété que de leurs
avances, et il s'en faut que le parti révolutionnaire soit plus indépendant de l'étranger; il a
d'autres commanditaires de son affaire simplement.

*
* *

Pour faire cesser le provisoire Yuan a manqué jusque-là et de crédit moral et de crédit financier. Ni le pays, ni l'étranger n'ont montré qu'ils aient une confiance suffisante en cet homme, pourtant habile et travailleur, pour lui fournir les moyens d'agir qu'exige la transformation de la Chine. Toute une année, il fut comme à l'essai devant les intéressés; il multipliait les preuves de savoir-faire, mais toujours sans puissance que celle qu'il tient de ses propres ressources, qui sont disproportionnées avec l'étendue du pays. Durant cette période, il n'y a plus de gouvernement en Chine, et pour cela il n'y a plus de force; celle du peuple, récemment exprimée, n'est pas encore remise à Yuan.

Ses compatriotes avant tout lui ont manqué : ils ne lui ont assuré ni l'argent, ni l'autorité morale, dont il avait besoin pour dominer la situation.

D'abord Yuan a manqué d'argent. C'est faute d'argent que les révolutionnaires ont cessé la guerre civile, et faute d'adversaires, après composition ; mais aussi, c'est faute d'argent que Yuan n'a pu l'arrêter plus tôt. Après avoir épuisé tout ce que la famille impériale voulut bien abandonner de ses richesses personnelles pour son propre salut, Yuan se trouva sans ressources, et dès lors, le peuple

ne payant plus d'impôts, il était obligé, comme
Sunyatsen, de vivre d'expédients au jour le
jour : contributions plus ou moins volontaires
de compatriotes, avances et petits emprunts
consentis par les grosses maisons étrangères
de commerce et de banque qui tirèrent parti
de la situation. La forte somme lui manqua,
soit pour maintenir l'autorité ancienne, soit
pour affermir la nouvelle : ni les révolutionnaires ne purent ceci, ni la dynastie ne voulut
cela. D'un côté comme de l'autre, le Chinois
gardait jalousement son trésor. Ainsi Yuan lui-
même et toutes les autorités locales furent à la
merci de l'étranger. L'étranger, alors, ce n'était
pas le groupe des puissances, c'étaient des
financiers souvent improvisés, toujours indépendants ; et on imposa de ce fait à Yuan des
commandes d'armes et de munitions telles,
qu'il disait avec humeur, qu'une des premières
œuvres du gouvernement, quand il s'établirait,
devrait être de liquider toute le stock de guerre
dont on lui avait imposé l'achat pour l'avenir,
en échange de l'argent que les fournisseurs
lui donnaient comptant, à ce prix, pour le
moment. Pour avoir de l'argent, on passait des
contrats où l'on hypothéquait l'outillage à venir
de la Chine, au moment même où l'on en
faisait la commande. L'usinier fournisseur
devait être avant tout un banquier, un prêteur
sur gages incertains.

Yuan ne manquait pas moins d'appui moral. Sans doute les révolutionnaires ne pouvaient guère donner d'argent et devaient en réserver pour leur propre effort qui exigeait d'être renouvelé ; mais ils ne donnèrent non plus aucune aide à Yuan. Les réformistes d'hier devenus les républicains modérés, toute la classe cultivée qui se groupe aujourd'hui autour de Yuan et de Liyuenhong, les notables progressistes ne donnèrent pas non plus ce qu'il fallait : ni les révolutionnaires militants, ni les doctrinaires républicains n'accordèrent leur confiance à Yuan. Tout d'abord même, les révolutionnaires le considérèrent comme leur adversaire, comme le soutien de la dynastie ; et bien qu'il ait fourni des gages sérieux de sa complicité quand lui-même alla près d'Hankeo dès novembre au front des troupes impériales et négocia pacifiquement le recul des vainqueurs, malgré les pourparlers qu'il engagea ensuite pour la conférence de la paix à Changhaï, malgré même le voyage des chefs de la révolution, Sunyésien et Hoangsing, triomphalement reçus à Péking en septembre, malgré tout, l'impression première persista : le Sud se défia toujours de l'homme rusé, du fourbe, comme on l'appelait à Canton.

Au milieu de ces difficultés, personne, même à l'étranger, ne faisait généreusement crédit à Yuan. Sous prétexte de neutralité, l'Angleterre

d'abord, dans la personne de son consul à
Hankeo, sembla favoriser la révolution. Puis la
politique de Londres combattit le gouvernement chinois, c'est-à-dire Yuan, en faisant
obstacle au gros emprunt du baron Cottu contracté en temps .opportun ; et il n'est pas jusqu'au Creusot qui, en toute honnêteté, refusa
des munitions à Yuan qui s'offrait d'acheter la
demi-batterie de canons qui avaient servi aux
épreuves dont Krupp sut tirer avantage. A ce
moment la presse en Europe et en Amérique
était largement, libéralement en faveur de Sunyatsen, c'est-à-dire de l'adversaire, car, comme
il ressort des événements récents de l'été de
1913, on peut affirmer que l'entente n'a jamais
été que superficielle entre les deux premiers
présidents de la République chinoise. On n'a
eu de sympathie pour Yuan ni parmi ses compatriotes ni à l'étranger ; tout au plus arrive-
t-on aujourd'hui à manifester à son égard, dans
les différents pays et même le sien, une certaine admiration pour son succès, depuis qu'il
a conclu l'emprunt.

*
* *

A cette méfiance universelle il n'a longtemps
répondu que par la méfiance, même de soi.
Il ne se montra pas confiant en lui-même. Il
avait connu la disgrâce, puis se trouvait porté

au pouvoir, comblé d'honneurs encore plus considérables que ceux dont il avait été déchu. Il resta longtemps soupçonneux. Aussi bien les républicains n'agissaient autour de lui que par la menace. Son émissaire Tang chaoyi, envoyé à la conférence de la paix, était terrorisé par l'autre parti, et les plus hauts fonctionnaires des administrations étaient sommés de quitter leurs postes, sous peine de perdre leurs biens et leur vie ; on leur signifiait qu'on ne laisserait même pas en paix les tombeaux de leurs ancêtres, s'ils n'abandonnaient pas leurs charges pour rentrer dans leur famille. Ainsi, à Péking, autour de Yuan, les bureaux étaient désertés. Redevenu puissant, il était plus isolé que pendant sa disgrâce.

Les circonstances rétrécissaient le cercle autour de l'homme du jour. Il était dangereux d'approcher l'homme sur lequel on jetait des bombes. Il n'essaya pas d'élargir le cercle. Non seulement pour la défense de sa personne, il s'entoura toujours par prudence d'une garde composée de soldats de son pays de Honan tout à sa dévotion ; mais, même pour les affaires politiques, parmi le petit nombre d'hommes disponibles, il n'admit dans son entourage que d'anciens collaborateurs, des amis personnels, qui lui étaient attachés depuis longtemps. Personne ne fut dans la confidence de ses desseins, et encore aujourd'hui ce n'est un secret

pour personne que le président travaille seul,
dans ses bureaux, dépouillant les dépêches,
dictant les réponses, envoyant des hommes,
surveillant les provinces, nommant les fonctionnaires, réunissant les Conseils. Par ambition ou par tempérament, il s'est mis à la
besogne, et concentre tout en sa tête. Longtemps il se refusa à faire des nominations,
laissant toutes les places vacantes. C'est ainsi
qu'au moment où le Sud fit sa jonction, et
comme sa soumission, il eut de quoi satisfaire
tous les appétits. Mais quoiqu'il ait maintenant
une bureaucratie encore plus au complet que
sous la cour mandchoue, il connaît trop les
traditionnelles indiscrétions et les corruptions
dont est capable, au moins un moment, tout le
personnel asiatique, même après un séjour à
l'étranger, il en connaît trop l'atmosphère
viciée, pour en attendre quelque chose de vital. Il n'a partagé sa responsabilité avec qui-
conque. Il a cru pouvoir seul suffire à la situation présente, la maintenir, sinon en sortir.
Même ses ministres ne peuvent rien décider
sans lui. Ses conseillers ne sortent pas de leur
rôle consultatif; ils ne savent rien que dans
leur emploi; ils ne peuvent rien faire au delà.
Pareille conduite peut se justifier dans un gouvernement où même des dépêches officielles se
trouveront être, maintes fois, des supercheries
effrontées, des inventions de toutes pièces de

la part des révolutionnaires, destinées à produire une impression avant qu'on n'ait pu en
vérifier la fausseté. Yuan a maintenant des
dizaines de conseillers, dont il n'utilise pas les
conseils : ce sont des Mandchous avec qui il
collabora sous l'ancien régime et auxquels il
se montre compatissant ; ce sont des jeunes
gens du Sud qui jouèrent leur rôle près de
Sunyatsen et qu'il envoie pour la plupart com-
pléter leurs études en de fructueuses missions
à l'étranger, mais que lui-même ne met pas en
valeur. C'est Sunyésien, en personne, qu'il
charge de tracer, sinon de construire tous les
chemins de fer de Chine, en l'appointant une
centaine de mille francs par mois. Il a nommé
des généraux en abondance, il a multiplié les
honneurs et les décorations de toutes sortes. Il
a envoyé, depuis longtemps, des émissaires par
tout le pays, comme autrefois le Shogoun du
Japon, sans qu'on puisse prononcer s'il veut
ainsi plutôt se débarrasser de ceux-là, ou réellement, par eux, pacifier celui-ci. Il reste seul
pour tout ordonner.

Tout ce qui a joué un rôle pendant la révolution a passé par Péking. On y a fêté les redoutables membres de l'Union Jurée qui ont terrorisé de leurs bombes tout le pays : Canton,
Changhaï, Hankeo, Nanking, Foutcheo, Péking
même, et parmi eux des hommes aussi divers
de nature que Tang Chaoyi, Outingfang, Hoang-

sing, Chengkimei, Song Kiaojen, Tsai Yuanpei.
On y a entendu les appels à la concorde de
tout ce que le parti réformiste, qui tint tête à
la révolution, comptait de plus lettré et de plus
compétent : les Ma, les Tchangkien, les Liangtsitchao ; mais personne de ces violents ou de
ces pacifiques n'est resté autour de celui qui
fut un jour l'adversaire acharné des uns, ou
dont l'esprit, pour autant qu'il n'est pas fruste,
fut influencé par la pensée des autres.

Yuan reste seul avec son secrétaire général
Liang Cheyi, en dehors et certainement au-des-
sus du Cabinet, et deux hommes dont chacun
fut tour à tour ministre puis président du
Conseil. Tout le gouvernement provisoire de la
Chine est là.

*
* *

Trois hommes seulement furent admis par
Yuan pour alimenter et exécuter ses décisions :
Liang Cheyi, Tchaopingsiun et Loutchensiang,
un Cantonais, un homme du Honan comme
Yuan et un homme de Changhaï. Ce fut là en
fait tout le gouvernement provisoire, malgré le
nombreux personnel dont se composèrent les
trois cabinets.

On a tant parlé de Yuan déjà, qu'il est
devenu presque nécessaire de dégager les gros
traits de cette physionomie bien connue qui

lui donnent son caractère. C'est un homme
d'âge, ce qui est en Chine une qualité indisso-
lublement unie à l'autorité ; c'est un mandarin
du Nord ; ce n'est pas un lettré ; c'est un militaire déjà ancien régime, encore qu'il ait créé,
il y a une quinzaine d'années, l'armée moderne
de la Chine. Il a été mêlé, tout ce temps, aux
événements les plus importants de la Cour,
titulaire des plus hautes charges, en rapport
avec tous les fonctionnaires de son pays et de
l'étranger en Chine. Il n'a point voyagé hors
de Chine, il a peu voyagé en Chine. Peu cultivé,
il n'a point de grandes idées, de larges plans
d'avenir ; mais cet homme d'ancien régime est
fort expérimenté, il flaire les difficultés et sait
les dénouer. En ce qui touche la vie domestique, même dans sa retraite sur ses propriétés, pas plus que Tchangtchetong, il n'a
rompu avec les vieilles mœurs chinoises ; sa
maison n'est point sévère ; il aime son fils aîné
Yuan Koting ; il l'utilisa au besoin et ne résista
pas aux audaces de cette jeunesse qui favorisa
les projets sudistes. Tenace et bon tout ensemble, il a une puissance de travail à laquelle
des mois de disgrâce semblent avoir donné une
force inaccoutumée. Il a toujours été homme
de décision, incomparable pour toutes les
questions qui peuvent être résolues définitivement sur-le-champ, qu'il s'agisse de répression
ou de suppression ; et pourtant son énergie

n'apparaît jamais cruelle comme celle de beaucoup d'autres Chinois dans l'histoire ou parmi
ses contemporains.

Liang Cheyi et Tchaopingsiun n'ont cessé de
l'assister pour les affaires intérieures.

Le premier a l'œil vif des gens du Sud, c'est
un parent de Tang Chaoyi, un homme de la cin-
quantaine aussi, très alerte quoique fort en
chair. Il est de Canton, mais n'en a pas moins
gardé ses vêtements à la chinoise. Sa réputation, sinon sa conscience, est plus chargée
que sa carrière. Les attaques furent d'une véhé-
mence intempérante contre lui, dès ses débuts
dans les affaires, aux chemins de fer ; mais les
censeurs de l'ancien régime commis pour en-
quêter sur sa conduite ne retinrent aucune des
terribles accusations de corruption : les financiers français furent lavés du même coup, et
tout le mal passa pour inventions des amis de
Chengkoungpao. On lui attribue tout le jeu
déconcertant d'intrigues qui aboutit à l'union
du Sud avec le Nord, lors de la conférence de
Changhaï. Détesté ou redouté, il est trop souple
pour être jamais écrasé ; très cultivé, il sait
habiller à l'occasion les ordres de son chef
d'une forme classique que tout le pays admire.

Tchao est sorti de l'armée, comme Yuan qui
en avait fait son chef général de la police, quand
il était vice-roi du Tcheli. Il a géré d'abord le
ministère d'où relève cet important service

d'État, et n'a pas cessé de faire la police autour
de son maître dans la capitale, après en avoir
partagé la disgrâce. Personne ne connaît comme
lui tout le personnel administratif. Personne,
sauf le vieux prince T'sing, n'est plus rompu
que lui à toutes les chinoiseries des fonctionnaires. Personne n'est exécuteur plus dévoué
des desseins de Yuan, quand ce devrait être les
plus cyniques.

En face de ces trois hommes, si unis et si
représentatifs, dans leur variété d'origine et de
qualités, de la riche unité et de l'éternelle
nature chinoise, reste M. Lou, qui non seulement est de Changhaï, mais encore est moder-
nisé par plus de vingt ans de séjour à l'étranger. Il était à Saint-Pétersbourg comme secrétaire, quand l'actuel ministre de Chine à Paris
y gérait la légation, et sa connaissance de la
langue et des affaires russes aussi bien que sa
situation à la Haye le désignaient pour régler
les questions extérieures dont la principale
était avec la Russie. N'étant engagé dans aucun
parti, il n'eut pas d'adversaires acharnés, mais
il n'eut pas non plus de soutiens très fermes
dans les milieux politiques ; sa santé délicate
et la situation même du pays ne lui permirent
pas de poser une Chine nouvelle, digne, en face
des grandes puissances, comme le voulait Yuan.
Son remplacement par Tchao à la présidence
du Conseil a marqué, dans le gouvernement

provisoire, la décision prise par Yuan d'en
revenir uniquement aux méthodes traditionnelles. Désormais, c'est l'intérieur qui est
redevenu la préoccupation dominante du gouvernement, bien plus même qu'aux temps troublés de la révolution, pendant les quelques
mois de la guerre civile. Avec Lou, Yuan attendait beaucoup du dehors : la paix d'abord, puis
de la bienveillance en même temps que de
l'argent, tout ce qu'il fallait pour lui permettre
de reprendre en mains rapidement les régions
qui, dans le désordre, tentaient de s'affranchir.
M. Lou ne put retenir la Russie de céder à la
tentation, et tout le reste s'ensuivait. Yuan avait
paru compter sur l'étranger plus que sur le
pays même pour traverser la crise de croissance ; et voilà qu'aux frontières, des difficultés
s'élevaient, où l'étranger paraissait vouloir profiter. Yuan désormais ne mit plus la diplomatie
au premier rang et ne se soucia même pas de la
guerre. Il accepta la démission de M. Lou tout
en le maintenant aux Affaires étrangères. La
présidence du Conseil fut remise à Tchao ; les
préoccupations de l'intérieur reprirent leur
place.

Le prédécesseur de M. Lou, Tang Chaoyi,
s'était enfui pour échapper à la présidence du
Conseil ; M. Lou, bien plus européanisé, se
retira à la chinoise, après avoir maintes fois
sollicité sa démission, selon l'usage, affaibli

par une maladie diplomatique devenue réelle,
selon l'usage aussi.

Dans le gouvernement provisoire, les personnalités du Sud n'eurent point de place. Ce
n'est point seulement que Yuan les ait écartées
comme suspectes ; il n'avait guère à prendre
ombrage d'hommes qui ne s'étaient guère
montrés hommes de gouvernement. Aussi bien
il ne pouvait guère s'en servir. Ils avaient bien
fait la révolution, proclamé la République,
exigé le renvoi des Mandchous ; mais à Nanking même, quand ils avaient tenté d'organiser
un cabinet, tous s'étaient révélés des administrateurs peu experts. Hommes d'action, ils
n'avaient su profiter de la victoire et ordonner
leur conquête ; ils n'avaient même pas su
s'adjoindre des hommes d'ordre. Avec les meilleures intentions du monde, ils apparaissaient
impuissants et incapables devant les difficultés ;
et Yuan ne put leur donner que des rôles
effacés à la tête des différents services, qui n'ont
d'ailleurs pas encore été réorganisés.

Les partis politiques n'ont point mis d'hommes
en valeur ; si la plupart ont soutenu le président
par qui ils espéraient que se réaliseraient les
réformes projetées ces dernières années par la
Cour, ils ne l'ont servi qu'indirectement, par
leurs discussions. La révolution, œuvre de
Souen-Wen, de Hoangsing et des sociétés
secrètes, était achevée, quand s'organisa le

gouvernement provisoire; les réformistes ont
manqué d'entrain au travail. Ils ont discuté,
formé des associations, établi des projets, mais
ne se sont point montrés actifs à réaliser.

*
* *

A la vérité on peut dire que le gouvernement
provisoire, composé de quelques hommes
isolés, lui non plus n'a rien réalisé; il n'a fait
que durer; il n'a rien reconstruit.

La révolution, pour rapide et meurtrière
qu'elle ait été, n'avait pourtant pas été sans
détruire au moins la sécurité; elle avait jeté le
désarroi dans les esprits. Il fallait aplanir le
terrain avant de travailler à la réédification
sociale. Déjà l'Empire libéral avait dressé des
plans; Yuan s'employa de toute son expérience
à ce qu'ils pussent être exécutés, quand le pays
aurait réellement un pouvoir exécutif. Il n'exécuta pas encore. Il n'osa pas. Ce n'est ni un
homme d'allure ni un patriote à notre manière.
Ceux qui se disent patriotes sont contre lui.

L'œuvre du gouvernement provisoire a été
toute de négociations. Yuan eut à éclaircir deux
grandes questions qui obscurcissent tout l'interrègne : la question mongole et la question du
gros emprunt. Pour l'une comme pour l'autre,
qu'il s'agisse de limiter les droits souverains
de la Chine aux frontières, ou seulement de

limiter la capacité de corruption des mandarins pour le contrôle économique que les étrangers prétendent imposer au pays, Yuan sembla longtemps décidé à transmettre simplement cette lourde succession à l'Assemblée nationale qui s'est réunie le 8 avril. Du moment que son pouvoir comme président de la République chinoise n'était pas reconnu par les puissances étrangères, du moment que les ministres étrangers expédiaient simplement avec lui les affaires courantes, lui aussi se refusa à prendre la responsabilité du pouvoir effectif et il ne voulut décider de lui-même ni d'abandonner les plans en cours d'exécution pour la colonisation de la Mongolie par l'agriculture et l'administration chinoises, ni d'introduire le contrôle étranger au cœur des finances et des affaires de la Chine. Il négocia : c'est à quoi il appliqua longtemps toute son activité. Bien qu'il sût l'impuissance actuelle de l'armée à porter à ce moment la guerre au delà de Kalgan ; bien qu'il se sentît, d'autre part, paralysé faute d'argent, il retarda la solution des deux gros problèmes. Il temporisa et quand il finit par conclure, ce ne fut pas ouvertement et d'accord avec le Parlement. Il semble bien que ce] fut sous la pression et de l'étranger et des nécessités. Il ne dominait pas les problèmes.

Pour la question de Mongolie, il ordonna des mouvements de troupes, tout comme lors des

16

troubles révolutionnaires, comme s'il voulait cette fois faire la guerre pour s'opposer à la sécession mongole ; quelques milliers de soldats furent déplacés, juste assez pour donner satisfaction et donner le change à l'opinion publique, surexcitée peut-être à dessein pour faire pression sur l'étranger. Ainsi d'ailleurs il amena le gouvernement moscovite à être moins empressé pour les Mongols, moins exigeant dans ses revendications, et il obtint que la souveraineté chinoise ne fût plus contestée. Quand le ministre de France exerça ses bons offices de médiation entre les deux pays conquérants, il dut ménager la susceptibilité de la Chine qui n'admettait pas que son impuissance militaire présente fût sanctionnée par une renonciation définitive consacrant le présent. Yuan voulait conserver à son pays des prétextes à faire la guerre, quand l'armée chinoise serait de force à servir les plans du gouvernement et à faire respecter les droits du pays.

Pour l'emprunt, la tactique chinoise fut la même. La Chine avait d'abord refusé les 60 millions de livres sterling qu'on lui offrait. Elle n'avait que faire de ce milliard et demi ; un demi-milliard de francs seulement lui suffirait pour le moment. Encore n'admettrait-elle pas, pour le prendre, qu'on lui fît des conditions plus humiliantes qu'aux autres nations emprunteuses. Les six puissances voulaient que le

monopole du sel servît de garantie et que les
recettes en fussent versées à une banque du
consortium qui opérerait les prélèvements pour
les intérêts et l'amortissement de l'emprunt ;
après ces remises faites par les fonctionnaires
européens du nouveau service, le reste serait
versé au gouvernement chinois ; on voulait un
service comme celui des Douanes maritimes
chinoises, plus encore entre les mains des
étrangers. La Chine observa qu'aux Douanes il
s'agit de marchandises étrangères à taxer, et
que l'argent touché, propriété du gouvernement,
est versé par lui-même aux banques, pour la
part qui garantit les emprunts ; que la Chine
n'admettrait pas que l'étranger fût introduit
comme collecteur ou distributeur dans un domaine tout d'ordre intérieur comme la gabelle
qui relève de la police, des coutumes, de la
législation du pays ; et il semble bien qu'appuyée
par les banques japonaises la Chine eut alors
gain de cause. Le consortium voulait imposer
à Yuan un Conseil de finances qui, durant
cinq ans, aurait droit de conseil sur toutes les
questions de taxe; et la Chine prétendit ne
tenir de ces conseils que le cas qu'elle voudrait.
Elle exigea qu'un Chinois fût désigné pour
représenter le gouvernement chinois, et non
pas un étranger, pour autoriser les paiements
d'accord avec le délégué du consortium, après
vérification de l'emploi prévu. Elle admit que

le consortium nommât des étrangers comme
contrôleurs pour surveiller l'emploi des
finances, mais n'accepta pas que le gouvernement chinois fût représenté autrement que par
des contrôleurs chinois, et, au cas où des fonds
seraient employés à des entreprises industrielles, elle se déclara prête à accepter des
ingénieurs étrangers, mais non pas, comme on
le lui imposait, des contrôleurs qui pussent
contrecarrer l'autorité des chefs d'entreprises.
La Chine admit bien de ne plus conclure aucun
nouvel emprunt pendant tout le temps où le
consortium n'aurait pas encore placé tous les
titres, fût-ce dans les cinq ans à courir, mais
elle réserva que tous les emprunts faits récemment ou à faire, dans les provinces ou
à Péking seraient valables et exécutables,
pourvu qu'ils eussent été signés avant la date
du gros emprunt en question. Et comme encore
la Chine exige qu'un conseiller étranger qui
lui est imposé puisse être révocable, le consortium doit déterminer les conditions et il est
stipulé qu'il faut, pour le renvoi, l'avis con-
forme des représentants du consortium, et le
paiement à titre d'indemnité d'une année entière de traitement, soit 75.000 francs. Les
négociations n'étaient point infructueuses pour
la Chine. Elles ne se sont terminées qu'au mois
d'avril, quand l'emprunt de 630 millions fut
signé avec les cinq puissances.

Pendant tous ces laborieux pourparlers, sans
doute le gouvernement provisoire manquait de
ressources, mais du moins la Chine n'était pas
engagée définitivement. Les impôts ne ren-
traient pas, mais quelques provinces ou quelques
riches faisaient des cadeaux. La Cour donnait
quelque chose de la fortune personnelle de
l'impératrice défunte, qu'on évaluait à 25 millions de livres sterling, 630 millions de francs,
autant que le montant du gros emprunt d'État
dont les négociations ont tant duré. Yuan n'y
perdait rien, le pays y gagnait. Aussi bien vis-
à-vis des puissances que vis-à-vis des provinces, il n'y avait point de péril à rester gouvernement provisoire. Il n'engageait pas l'avenir au delà de sa puissance du moment. Il put
ainsi pacifier, préparer le pays, l'habituer à
l'idée de la participation étrangère. Ses émissaires eurent à la longue un tel succès,
que le Seutchoan même, si troublé, est disposé aujourd'hui à accepter la collaboration
du capital étranger dans les chemins de fer,
et ne repousse plus la centralisation économique, comme au temps où la province déchaîna la révolution pour s'opposer au fléau
du pays : le gouvernement vendu à l'étranger.
L'étranger maintenant pourra faire des affaires
en Chine.

Yuan aplanit le terrain bouleversé. Les révolutionnaires avaient rapporté du dehors des

semences insolites, non seulement de liberté,
mais de participation aux affaires publiques.
Ils les avaient jetées par le pays à pleine
volée, sans souci de leur acclimatation, et le
gouvernement nouveau ne les protégea pas.
Ce fut la misère et le désordre. Mais la récolte
suivra la révolte, car au printemps voilà que
le nouveau grain lève ; le terrain a été ameubli ;
reste à savoir si la moisson sera du goût des
consommateurs et s'ils ont pris appétit aux
nouveautés. Yuan n'a ni écrasé, ni mis en
serre les nouveaux germes ; il a soigné la
terre.

*
* *

Si pour les grandes questions le gouvernement provisoire n'a rien décidé, Yuan du
moins a maintenu tout ce qu'il croyait durable ;
il a empêché l'anarchie de son mieux.

Il ne se dissimula pas qu'il ne pouvait gouverner, mais qu'il était là seulement pour faire
respecter le siège vacant de l'autorité, sans
l'usurper. Il conserva le prestige du pouvoir,
pour le moment où un pouvoir restauré pourrait à nouveau être exercé. L'Empereur même
ne perdit pas son titre. Yuan s'efforça d'empêcher l'irréparable, une fois la dynastie ren-
versée ; et il a fait cela avec si peu de moyens
qu'on se demande si c'est pour le pays un signe

de haute civilisation ou de déchéance profonde
que pareille révolution sur un si vaste théâtre
puisse être opérée avec ce minimum de violence et même d'action. Yuan arrêta la sépara-
tion menaçante du Nord et du Sud, la formation
d'autonomies territoriales redoutables comme
eût pu l'être l'union du Seutchoan, du Yunnan,
et du Koeitcheo formant « les trois provinces
de l'Ouest » (*si san chan*), comme la Mandchourie constitue « les trois provinces de l'Est »
(*tong san chan*). Il a su utiliser Tsen, au Foukien, Souen au Chantong et un moment même,
jusqu'au meurtre, le général Ou au Chansi
et Toanfang au Seutchoan. Il a maintenu
l'ordre.

Il a assuré la transmission du pouvoir, mais
ne l'a point assumé pour son compte. Il s'est
contenté d'en être le gardien, surtout quand le
souverain se fût retiré au Palais, comme un
simple particulier.

Il a empêché que l'indiscipline aussi bien
que la dictature du militaire se substituassent
au gouvernement défaillant. Il a veillé au licen-
ciement des troupes dans le Sud jusqu'à concurrence de quarante ou cinquante divisions
pour tout le pays. Pour maintenir l'ordre, il n'a
point reculé devant les exécutions, même parmi
ses propres troupes ; ce sévère idéal était celui
de son ministre de la Guerre, Kiang Koeiti,
lors de la mutinerie des soldats à Tongtcheo

le 24 août ; comme un Brutus, ce général sacrifia
son propre et unique petit-fils, dernier reje-
ton de la race. Des officiers suppliaient pour
prendre la place du jeune homme, afin que
leur vieux général respecté ne fût pas privé du
culte familial. Kiang Koeiti resta inébranlable.
Il fallait maintenir l'autorité pendant la transformation du régime. Il exécuta son unique
petit-fils, serviteur de Yuan.

Comme il la protégeait contre les usurpations
de l'armée, Yuan aussi la garantit contre les
entreprises d'un parti politique qui inaugurait
en Chine l'emploi des bombes. Au moment des
élections qu'il considérait comme devant ter-
miner le régime provisoire, il s'efforça de
contre-balancer l'influence du parti avancé de
l' « Union Jurée » (*Teng men hoei*), qui admet
dans son programme les idés sociales et économiques de Henry Georg sur le remaniement
radical de la propriété foncière. Yuan s'entoura
d'hommes plus modérés qu'une réforme seulement politique et sociale satisfaisait. Les
Mandchous éloignés du Trône, il ne les éloigna
pas du pays, il n'expulsa pas la dynastie ; il
garda ou rappela les Mandchous dans ses ministères, mettant tout au plus à la Justice, par
exemple, tel qui était à la Guerre. Il se défendit
de l'intransigeance, même dans les apparences,
des révolutionnaires ; et non seulement à
Péking, mais sur le Yangtze, à mesure que

Yuan s'affermissait, les nattes reparaissaient plus nombreuses. Une fois que le principe du changement eût opéré et que la dynastie fût tombée, Yuan s'efforça que la révolution parût le moins possible, comme si elle n'avait eu d'autre objet que le désétablissement d'un souverain étranger.

Durant toute la transition, l'autorité était sauve, mais elle ne se manifesta guère. La période intermédiaire n'a point même été une période de fermentation féconde : tous les rêves étaient déjà faits ; on ne les pouvait appliquer dans le pays comme ils avaient été faits au dehors. Dans les bureaux officiels la préparation même du travail, à défaut de l'exécution, n'a point été menée activement, si considérable que fût le personnel finalement engagé et appointé qui aurait pu y être employé. En dépit des promesses faites par Sunyatsen dans son manifeste aux nations, daté du 5 janvier 1912, et bien que le cabinet de Nanking ait compté beaucoup d'étudiants revenus du dehors, on n'a modifié encore ni le Code de commerce qui ne comprend guère que la loi sur les sociétés du 22 avril 1903, ni le Code minier du 13 octobre 1907, dont certaines clauses tendent à enlever les étrangers à l'action de leurs consuls pour les soumettre exclusivement en matière demines aux autorités et juridictions chinoises, d'ailleurs encore inexistantes. Même dans la province très éclairée de Canton, l'application stricte de ce règlement, contre lequel la plupart des léga- tions ont protesté, a continué, et des difficultés se sont élevées avec la cimenterie anglaise de *Green Island* près Hong-Kong pour des pierres à chaux. Le gouvernement provisoire a peu travaillé, même pour l'avenir.

A la différence de l'Empire, qui en devenant libéral n'en manifestait pas moins fortement l'autorité centrale, d'où émanaient les réformes à imposer à tout le pays, le gouvernement pro- visoire évita de justifier même l'apparence de dictature : il laissa tout se préparer en dehors de lui dans les gouvernements locaux de pro- vinces.

La seule opération importante où Yuan même soit mêlé directement, puisque dès le début il signa le 14 mars 1912 le contrat qui fut ratifié le 20 à Nanking, c'est celle qui prévoit la construction d'environ 1.700 kilomètres de chemins de fer, de la mer à Lantcheo, en pro- longement à l'est et à l'ouest de la ligne actuelle dite du Pienlo qui rejoint Kaifong à Honanfou. L'État chinois, comme il a racheté le Kinhan de Péking à Hankeo, doit racheter pro- chainement pour 42 millions la ligne exploitée par les Belges, et exploiter ensuite, pour son compte, au fur et à mesure de la construction, l'ensemble de la grande artère nouvelle sur

laquelle les étrangers n'auront jamais de bénéfices d'exploitation.

* *

En dehors de l'État, l'initiative n'a point
manqué.

Indépendamment de l'emprunt belge, et du
droit de préférence réservé au groupe anglo-
franco-belge, qui fit cette opération d'État jusqu'à concurrence de 312 millions de francs,
beaucoup de projets de travaux ont été pré-
parés soit par des administrations, soit par des
particuliers, soit par des gouvernements provinciaux. C'est de là que dépend l'avenir de la
Chine.

Ceux-là ont compris, et veulent faire accepter
en le prouvant par le fait que la Chine ne peut
être développée que par l'installation d'entreprises industrielles qui créent des richesses
nouvelles, en exploitant les ressources du pays.
Tandis que l'initiative vint du gouvernement
central au Japon, quand le pays ouvrit ses
mines, installa ses chemins de fer et ses grandes
compagnies, en Chine, le rôle de l'État est
encore réduit au minimum, et c'est en partie
contre l'ingérence du pouvoir central dans les
affaires locales et contre sa volonté d'accrois-
sement que s'est développée sinon faite la
révolution.

C'est le gouvernement de Canton qui s'est montré le plus organisateur. Non seulement il continua de lever l'impôt foncier et les douanes intérieures, mais il assura mieux qu'ailleurs l'administration locale, évita, dans les campagnes comme en ville, les excès des soldats licenciés, conjura des crises financières et organisa de véritables services où le travail est fait par des fonctionnaires touchant des appointements fixes et dévoués au bien public. Ainsi les grands projets de chemins de fer ont pu être repris, et l'idée du port cantonais à créer à Heungtcheo a si bien fait son chemin dans cette région déjà fort américanisée qu'il y a plus de chances de réalisation en faveur de ce projet que pour le creusement du port de Macao. La ville même s'embellit d'un quai plus animé, le long de la rivière de perle, que celui de n'importe quelle concession étrangère en Chine, y compris Hankeo. Avec l'installation des égouts et le service d'hygiène, Canton devient la plus belle comme la plus riche des villes chinoises. Dès maintenant on peut donner la province du Sud comme modèle de la Chine moderne, et elle s'est transformée par elle-même, à la différence du Chantong où travaillent les Allemands et de Changhaï qui est une création de l'étranger. Les Cantonais renouvellent la face de leur pays sans rien abandonner de leur intransigeance nationale.

Ailleurs, au centre de la Chine, ce sont des
Chinois qui projettent la création d'ateliers de
construction et de réparation pour tout le matériel de chemins de fer, et il s'agit d'équiper
non seulement les 1.200 kilomètres de Hankeo à
Péking, mais encore la grande ligne de Hankeo
à Canton en construction et celle de Hankeo au
Seutchoan en préparation, ainsi que les moindres lignes de la Chine centrale et méridionale. Les ateliers d'Hankeo assureraient l'entretien de tout le matériel des voies convergeant
vers Hankeo dans un rayon de 600 kilomètres ;
on prévoit une dizaine |de millions de francs
pour ces installations et on espère ainsi pouvoir construire une centaine de locomotives
par an de différents types, en réparer 60, fabri-
quer plus de 2.000 wagons ou voitures, en réparer près de 3.000, soit environ pour 35 millions
de francs de travaux par an effectués par 7 à
8.000 ouvriers. On prévoit une fonderie d'acier
pour permettre aux ateliers de produire eux-
mêmes leurs essieux, roues, pièces en acier
moulé, et même les bandages. Les usines d'Ha-
yang en face donneraient la matière première,
fers et aciers laminés, tôles, profilés ; et par
contrat avec l'usine chinoise, on assurerait la
régularité de fourniture et le bon fonctionnement des ateliers chinois, à qui l'on comman-
derait annuellement 30.000 tonnes de produits
laminés, soit pour 6 à 8 millions de francs selon

le cours de l'argent de 200 à 240 francs la tonne, sans compter 3 à 4 millions de fonte, lingots d'acier et coke. Ces ateliers n'achè- teraient à l'étranger que les tubes de cuivre et quelques rares spécialités, et on retrouverait un effectif d'ouvriers comparables à ceux que formèrent les contremaîtres français à l'arsenal de Foutcheo. Les devis sont conditionnés pour une production intense avec un outillage mo- derne à grand rendement.

Ailleurs il s'agit d'arsenaux considérables, de hauts fourneaux et d'aciéries, d'entreprises en Chine comme celles de Muroran au Hokkaido ou de Wakamatsu au Kiushiu pour le Japon. De même que Armstrong et Vickers sont inté- ressés dans les premières, en Chine, Krupp, sous la forme de *Germania*, et le Creusot ou nos établissements de Commentry sont pres- sentis pour s'intéresser à ces grandes usines où la Chine construirait elle-même non seule- ment ses fusils, mais ses canons et tout le ma- tériel de guerre. Les Allemands voudraient que le projet se réalise au Chantong, près des mines maigres de Poshan ; les Chinois semblent en ce moment préférer un emplacement dans la province de Chansi, où les gisements de fer et de houille sont plus riches.

Quoi qu'il en soit de l'avenir prochain de ces grandes entreprises, le gouvernement devra en sanctionner la réalisation ; mais les devis

sont établis en dehors de lui. Que la République
soit organisée ou qu'un gouvernement constitutionnel soit établi par l'Assemblée nationale qui siège, au moment de dresser le bilan
du gouvernement provisoire qui doit finir, la
situation de la Chine se présente à peu près
ainsi.

* *
*

Après quelques mois d'une révolution heureuse, destinée à transformer d'abord son
régime politique, puis l'économique, la Chine
dans ses assemblées de tous ordres a commencé l'apprentissage du gouvernement par
le pays. Comme on avait peu détruit, on ne fut
pas pris de la fièvre de reconstruire. Contrai-
rement à ce qu'on pouvait attendre de l'effervescence révolutionnaire, il n'y a plus rien
que de sobre. Liyuanhong, qui déchaîna la révolution à Wout'chang, aussi bien que Yuan
Che Kai, qui en fut le modérateur par toute la
Chine, tous deux furent sans ambition. Leur
programme tiendrait en quelques mots : moins
de mandarins, ce qui était aisé parce que beaucoup avaient laissé leur poste, tués ou dis-
parus ; pas de grands travaux ; pas de grandes
réformes pour l'unification monétaire ou le
développement industriel ou commercial ;
assurer simplement la régularité de quelques

impôts pour le moment. Ces deux hommes d'ancien régime sont les plus puissants dans le pays;
ils sont favorables au changement de direction,
mais ils ont à peine commencé l'opération.

Yuan Che Kai s'est tenu au gouvernail pour
éviter les écueils pendant le passage difficile,
pour sauver le pays du sinistre, mais il n'a
rien fait pour donner l'orientation nouvelle. Il
n'a point gouverné; il a épargné au vaisseau
de l'État d'être ballotté si violemment pendant
la tourmente qu'il pût être submergé. Grâce
au pilote, la Chine se croit arrivée hors de
la passe dangereuse. Maintenant, on pourrait
gouverner ferme et droit.

Qui pourrait gouverner? Comment la Chine
sera-t-elle gouvernée?

Sans doute Yuan n'a pas remis le pouvoir
qu'il a reçu de l'Empereur à l'Assemblée nationale qui doit tenir le sien du peuple. C'est que
tout semble faire prévoir qu'après cette longue
période intermédiaire d'inaction, un gouvernement fort et quasi autocratique, même sous la
forme d'une république, — ce qui n'a point
été impossible aux États-Unis — soit ce que
les circonstances favorisent le plus. N'entend-
on pas déjà que le président Yuan a fait ses
preuves de fidélité, et que son pouvoir n'a point
à être limité, comme celui du chef de l'État en
France ou en Angleterre par un cabinet responsable?

En tout cas, pour qui devra gouverner véritablement, il y a lourd à remuer. La révolution
n'a point fait table rase du passé. Au point de
vue financier, au point de vue économique, au
point de vue moral, le nouveau régime doit
porter tout le poids mort de l'ancien. Sunyatsen, qui rêvait, à l'étranger, de la transformation de son pays et n'a su que déclancher
le mouvement, pouvait prévoir la construction
de 100.000 kilomètres de voies ferrées en
dix ans au coût minimum de 15 milliards de
francs ; le gouvernement de demain devra se
tenir plus près de la réalité.

Financièrement la situation est mauvaise. On
peut à peine liquider le passé par l'emprunt
d'un demi-milliard réalisé ; il suffit tout juste
à tirer la Chine des embarras présents, rien
de plus. Il ne prépare pas la réorganisation
qu'il annonce mensongèrement.

Autant que les chiffres officiels sont dignes
de foi, le budget de 1913 s'établit en gros sur
2 milliards et demi de francs de dépenses,
1 milliard en dépenses ordinaires, 400 millions en dépenses extraordinaires, 600 millions
en fonds de réserves ; 250 millions pour encourager l'industrie (spécialement les mines de
cuivre et de pétrole !). Les recettes prévues
seraient inférieures de 500 millions environ,
soit 2 milliards seulement, 600 millions d'ordinaires, 200 millions d'extraordinaires, et plus

d'un milliard en emprunts dans le pays ou aux
puissances. Ces comptes ne s'apurent pas très
rigoureusement d'une manière mathématique.
Les chiffres officiels publiés par les différentes
administrations sont loin de s'accorder entre
eux et avec ceux qu'a donnés Yuan dans son
discours-programme du 29 avril 1912 pour l'ouverture de l'Assemblée législative. Quand on
sait l'origine douteuse des uns et des autres,
il est impossible d'avoir confiance.

C'est donc surtout économiquement, en dé-
veloppant ses richesses foncières par des
dépenses immédiatement productives que le
gouvernement nouveau peut avoir des chances
de se rendre indépendant de l'étranger comme
tout Chinois y aspire, et par surcroît de rendre
le pays fort en enrichissant les habitants. Il ne
suffit pas d'organiser des banques nationales,
de réformer l'impôt, d'établir les monopoles du
sel et du tabac ; il faut faire jaillir du pays les
sources de revenus, et pour cela la Chine a
besoin non seulement des capitaux, mais de la
science étrangère. Ne discuta-t-elle pas la pro-
position de donner tout son pétrole aux Américains ?

L'argent pour les travaux est offert depuis
longtemps ; c'est sur les hommes et *l'esprit
nouveau* qu'il faut s'entendre. A l'inauguration
d'un groupe d'union sino-française à Péking,
le président d'honneur, un ancien polytech-

nicien, ministre de France, disait aux Chinois le 15 décembre dernier : « Ce serait trop peu de vous prêter seulement de l'argent, nous voulons aussi vous fournir des hommes pour collaborer avec vous et vous faire profiter de toutes les ressources de l'industrie moderne où le génie français a apporté une si large et si glorieuse contribution. »

Pour les hommes, le Chinois retour de l'étranger prétend que son pays est trompé le plus souvent, quand il engage ainsi des étrangers à son service pour l'initier. Ceux des Chinois qui sont diplômés de nos écoles remarquent vite que ce ne sont pas les diplômés des meilleurs écoles étrangères qui sont à la tête des services chinois, malgré les traitements de 2 à 5.000 francs par mois qu'on leur sert, indépendamment des commissions qu'ils peuvent parfois se servir. Les étrangers, par exemple, qui portent le titre d'ingénieurs en Chine et sont payés en conséquence, font souvent comme ils peuvent, « à la chinoise » ; l'entente ne se fait souvent entre les directeurs chinois et les étrangers à leur service que sur un terrain de concessions et d'intrigues qui ne peuvent être que préjudiciables à l'entreprise, et à l'avenir économique du pays. Ce qu'on appelle l'expérience, en disant qu'elle compense la grande science, n'est souvent que l'expérience des petits côtés, et les Chinois n'ont sans doute pas

tort en pensant qu'un homme de science ne
mettrait pas plus de temps qu'un autre à
acquérir l'expérience utile. Quand par exemple
le tracé d'une ligne, en dépit de l'évidence,
emprunte tel parcours, parce que les entrepre-
neurs auront ainsi plus de remblai, donc plus
de profit, ou parce qu'il y aura ainsi plus de
ciment ou de fer à fournir que le tracé normal
ne l'eût exigé ; ou quand des erreurs techniques
sont commises faute de connaissances, Chinois
et étrangers peuvent bien s'entendre pour partager les bénéfices de la faute, mais il n'en est
pas moins vrai que le prestige étranger est
atteint. Sans doute, on ne peut faire la fortune
de la Chine malgré ses habitants, si favorable
qu'on leur soit, et il arrivera toujours que les
entreprises à l'étranger soient menées par des
hommes qui ont plus qu'ailleurs l'esprit de
lucre et le souci d'un gain rapide, et qui résis-
teront d'autant moins aux tentations que les
circonstances seront plus favorables que dans
leur pays.

Le Chinois a pourtant raison en essayant de
se défendre, d'une part, contre la création de
riches sinécures pour étrangers dans son pays
et, d'autre part, contre l'envahissement de ses
nouveaux services par un personnel qu'il considère comme inférieur. Il s'est trouvé maintes
fois, dans les chemins de fer par exemple, que
les meilleurs à la construction n'ont point fait

très bonne figure à l'exploitation. Les établissements financiers, dont tout le rôle consiste à
prêter, moyennant une forte commission en
plus de l'intérêt, l'argent que dépose chez eux
le peuple français, n'ont cure ni du personnel
ni des qualités du personnel qui emploiera
l'argent : c'est à faire au débiteur. Le rôle de
la banque est fini, son courtage assuré ; et si
un jour le recouvrement de sa créance devenait
difficile, c'est le gouvernement qui en serait
chargé. La banque n'a d'autre souci que celui
de la part qu'elle touche dans l'opération, immédiatement ; si on ne peut pas lui demander
plus, il est juste que les gouvernements entre
qui le règlement de compte aurait à se faire,
s'il devenait difficile, s'entendent pour le
meilleur emploi absolu de l'argent en question.

Dans l'intérêt des deux gouvernements chinois et français, des deux pays, les ministères
dont dépendent nos grandes écoles d'où sortent
les directeurs ou les inspecteurs de nos entreprises les plus importantes, chemins de fer,
mines, arsenaux, aciéries, fonderies, etc., les
pépinières de ces sujets d'élite devraient être
appelés à fournir le contingent chinois qui jusqu'ici se recrute au hasard et peut aussi bien
satisfaire que mécontenter les intéressés.

Si le gouvernement chinois à l'œuvre ne
réussit pas à imposer ces conditions de sécu-
curité, et si le gouvernement français, pour la

part, qui l'intéresse ne l'aide pas utilement, la
jeunesse des grandes écoles françaises aussi
bien que l'avenir de la Chine sont lésés pour
autant.

Si la Chine n'est pas servie par un personnel
étranger choisi, qui imprime fortement une
bonne direction administrative, et s'applique à
collaborer réellement avec le personnel chinois
destiné à continuer l'œuvre ainsi commencée,
jamais la Chine ne réalisera les progrès économiques dont s'enorgueillit si justement le
Japon. C'est seulement par un recrutement
méthodique des étrangers employés à son service que le résultat pourra être obtenu.

Pour l'esprit qui doit animer le nouveau
régime, c'est à la jeune Chine de montrer aux
hôtes, devenus ses collaborateurs, si oui ou
non il y a quelque chose de changé. Jusqu'ici
les malversations, les vols administratifs im-
pudents, de la part des plus riches comme des
plus besogneux, semblent rester la tare chinoise. On ne peut pas dire que l'honnêteté
sans défaillances soit devenue de règle, même
tout proche de Yuan, encore qu'il recommande
la pratique des huit vertus morales classiques:
tiao, te, tchong, chin, li, yi, lien, tche : l'obéissance filiale, la fraternité, la fidélité, la confiance, la politesse, la chevalerie, l'honnêteté,
la pudeur. Péking a vu accourir de partout,
pour constituer des banques industrielles, les

aventuriers qui sont toujours à l'affût de n'importe quelle espèce d'opération fructueuse et
ils ont trouvé avec qui s'entendre. Sans doute
d'autres pays sont accessibles à la corruption
et se développent malgré cette déperdition de
forces. Sans doute la rigoureuse économie que
voulurent introduire dans l'Empire quelques
hauts mandarins comme les vice-rois Tsen et
Tchang n'a pas suffi à faire aboutir les réformes
qu'on veut reprendre maintenant. Mais il reste
que la Chine a pourtant plus de chances de se
perdre si elle maintient ces usages d'irrégu-
larité que si elle rompt avec eux pendant la
période des grands travaux.

Si la vertu est la qualité essentielle du gouvernement républicain, la Chine est mal préparée. Les différentes assemblées ont montré
qu'elles ignoraient ce qu'est une république.
D'autre part, l'instruction manque en Chine et
la vanité n'est pas moindre que l'ignorance.
Yuan a réussi à conserver l'unité de la soi-
disant République chinoise, mais c'était à son
profit; et le sens provincial n'a pas encore
donné naissance au sentiment de la patrie.

*
* *

Le gouvernement futur ne peut qu'être très
dépendant de Yuan et tout à fait à la merci des
puissances. Au moment où le provisoire doit

prendre fin, quelque longue qu'ait été l'expérience préliminaire, on ne peut rien préjuger du nouveau régime chinois.

Quelques puissances, méthodiquement, et d'accord avec l'ensemble, appliquent leurs efforts dans des régions déterminées, comme si on n'avait pas encore abandonné le plan de partage de la Chine. Tel ministère en Europe, sans être logé à Berlin, considère que le Chantong est toujours d'influence allemande et que son propre pays n'y peut travailler. L'impérialisme russe aussi bien que l'impérialisme japonais ne paraissent accepter la République que comme une diminution de la Chine.

Yuan ne dépeint pas le pays comme très renouvelé. Un ordre présidentiel du 6 novembre rapporte : « Depuis les débuts de la révolution, nombre de familles riches et de marchands influents ont déserté leurs bureaux mandarinaux ou commerciaux. Le marché des affaires s'est alangui et la production de la richesse a décru ; pour les marchands, c'est méfiance des temps ; pour les autorités locales, c'est incapacité de garantir la vraie protection. La République doit assurer l'unité et la coopération de manière à ce que la nation travaille en commun au progrès. Encore une fois, que tous ceux qui sont loin reviennent. » Le 26 novembre, l'ordre présidentiel déclare que la juridiction des divers fonctionnaires dans les provinces est confuse, les *toutous* ou chefs de provinces ayant nommé des fonctionnaires *ad libitum* sans demander la sanction du gouvernement central. Et il est prescrit, un an après la révolution, que jusqu'à la publication du nouveau règlement, il faut se rattacher au *vieux régime*, car de mauvais sujets veulent faire une seconde, une troisième révolution. C'est arrivé.

La Cour avait déjà parlé, le même mois de l'autre année, des « mauvais sujets », et elle n'était pas plus empressée que Yuan à changer le vieux régime.

En présence de cette situation, la liquidation du passé est lourde dans les différents domaines. L'opium en plus reste un point noir, dans la politique intérieure aussi bien que dans la politique étrangère depuis qu'ont été dénoncés les stocks d'opium indien que les banques ont hypothéqués dans les ports. Les germes nouveaux ne sont pas très vigoureux ; les administrations et les industries présentes ne sont pas des modèles pour l'avenir.

Les rares hommes dont Yuan a pu faire l'essai parmi ceux qui vinrent à Péking, n'ont point encore pris l'habitude de se sentir responsables au nom de l'État. Leur conduite manque souvent de l'ampleur et du désintéressement qu'exige la gestion des affaires publiques. Après comme avant la révolution, le Chinois reste l'opportuniste prêt à toutes les intrigues et

préoccupé, par-dessus tout, de son intérêt personnel. Les jeunes gens revenus de l'étranger
entrent pour la plupart dans la machine gouvernementale, et n'y font point figure singulière.
Les trois assemblées qui se sont tenues à
Péking depuis la création de ce rouage nouveau ont eu si peu d'influence qu'elles semblent
jusqu'ici n'avoir été destinées qu'à permettre
aux délégués du pays de faire leur apprentissage de citoyens. Yuan n'a pas montré qu'il
faille accepter que les membres des assemblées
actuelles puissent parler en maîtres. Le gouvernement provisoire semble avoir préparé le pays
à reconnaître l'autorité d'un chef autant qu'à
s'administrer soi-même. Yuan est seul au seuil
du nouveau régime. On est habitué à sa manière ; il a l'autorité ; la tradition monarchique
n'est point brisée à Péking ; Yuan tient toujours
l'Empereur qui grandit en réserve au Palais, et
il serait dans la tradition s'il devait montrer
qu'il en est resté le fidèle premier ministre.

Quant à la République de Chine, elle n'a pas
encore pris corps, et son esprit est encore
jeune ; elle a une tête, et quelques membres
épars : c'est tout le travail de gestation du gouvernement provisoire. Dans leur suprême
effort de juin 1913, qu'on a appelé la seconde
révolution, les républicains ont montré qu'ils
n'ont point désarmé contre Yuan, mais aussi
qu'ils n'ont point acquis l'autorité suffisante

pour le ruiner. Ils n'ont encore d'autre moyen
de triompher de sa politique que de supprimer l'homme ; et il est peu probable que pareille solution stabiliserait le provisoire. La
crise chinoise, tant qu'elle reste politique, ne
peut se résoudre : la période de croissance continue.

La place est aux économistes et aux hommes
d'affaires, pour ordonner et équilibrer le milieu
que n'ont cessé jusqu'ici de troubler et de dé-
sorganiser tous les politiciens plus ou moins
financiers.

Cela s'entend seulement pour la prospérité
et le maintien de la Chine.

Mais, si la question n'est pas là, tout ce qu'il
y a d'immédiatement intéressé en Extrême-
Orient, compétent ou non, a désormais libre et
vaste carrière. C'est ouvert et sans défense ; on
peut piller. Ambitieux du dedans et du dehors
ne peuvent plus être retenus ; le gouvernement
n'est même plus provisoire ; il n'y a plus de
gouvernement. C'est l'anarchie et la guerre civile jusqu'à ce que l'étranger impose un nouvel ordre. Les 600 millions passés que les
banques d'Europe ont fini par consentir à Yuan
ne lui ont même plus permis d'échapper à cette
menaçante perspective : ils n'ont servi qu'à alimenter le gaspillage et à accroître les appétits
dans le pays et parmi les étrangers.

Pour peu que dure encore cette misérable

révolution, sans élan ni noblesse, la Chine, berceau immense d'une civilisation tant vantée, ne sera plus que le pays du brigandage et de l'insécurité. C'est lamentable, et ce serait honteux pour notre époque. Espérons que ça ne sera pas.

TABLE DES MATIÈRES

www.ingramcontent.com/pod-product-compliance
Lightning Source LLC
Chambersburg PA
CBHW051239050726
47594CB00001B/227